AI와 문학

AI총서

인공지능 시대입니다. 기계가 인간의 인지를 대신하고, 사물이 인간을 통하지 않고 다른 사물과 직접 커뮤니케이션합니다. 이에 따른 인간 삶과 문명 변화를 정확히 이해·예측·대응하는 것은 이 시대 우리 모두의 과제입니다. AI총서는 인공지능 기술과 환경의 여러 주제를 10가지 키워드로 정리합니다. 관련 개념과 이론, 학계와 산업계의 쟁점, 우리 일상의 변화를 다룹니다. 인간과 기술의 현재, 미래를 세심히 분석합니다.

일러두기

- 인명, 작품명, 저서명, 개념어 등은 한글과 함께 괄호 안에 해당 국가의 원어를 병기했습니다.
- 외래어 표기는 현행 어문규정의 외래어표기법을 따랐습니다.

처음이세요?

전문가세요?

AI와 문학

이경화

대한민국, 서울, 커뮤니케이션북스, 2025

AI와 문학

지은이 이경화
펴낸이 박영률

초판 1쇄 펴낸날 2025년 12월 8일

커뮤니케이션북스(주)
출판 등록 2007년 8월 17일 제313-2007-000166호
02880 서울시 성북구 성북로 5-11
전화(02) 7474 001, 팩스(02) 736 5047
commbooks@commbooks.com
www.commbooks.com

ISBN 979-11-430-1228-9 03500

책값은 뒤표지에 표시되어 있습니다.

차례

새로운 지평선

AI의 부상

클라우스 슈바프(Klaus Schwab)는 21세기를 제4차 산업혁명 시대로 정의하고, 제4차 산업혁명 시대에는 인간이 물리학, 생물학, 그리고 디지털 기술의 발전으로 자신의 지능을 초월하는 로봇을 만드는 차원으로 나아갔다고 평가한다. 초기의 인공지능(AI)이 정해진 규칙에 따라 인간의 명령을 계산했다면 현재의 AI는 복잡한 언어를 해석하고, 창의적으로 문제를 해결하며, 인간의 지능을 모방하는 양상을 띤다. 이제 AI는 전통적 체계인 알고리즘을 넘어 일종의 자율 신경계와 같은 신경망을 형성함으로써 스스로 학습하고, 또한 학습한 내용을 적용해서 스스로 진화하는 존재로 자리매김하고 있다(Schwab, 2017: 14~24). 따라서 지피티(GPT), 제미나이(Gemini), 그록(Grok)과 같은 고도화된 생성형 AI는 단순한 도구를 넘어 인간의 의사 결정 파트너로도 기능한다.

세계적인 IT 시장 조사 기관 가트너의 부사장 데이비드 설리 가트너(David Cearley Gartner)는 "응용 AI와 고급 기계 러닝을 통해 로봇, 자율주행 차, 가전 기기와 같은 물리적 발명품뿐만 아니라, 가상 개인 비서나 스마트 어드바이저와 같은 앱 및 서비스와 같이 다양한 종류의 지능형 구현이 이뤄지고 있다. 이는 새로운 유형의 지능형 앱과 사물을 제공하는 동시에, 다양한 메시 발명품과 기존 소프트웨어 및 서비스 솔루션들을 위한 내장형 지능을 제공하게 될 것"이라고 전망한다(이코노믹리뷰, 2016). 이런 진화는 인간과 기술 사이의 경계를 모호하게 만들며, 일상생활은 물론 사회 전반의 구조까지도 근본적으로 재편하고 있다.

이와 같이 AI는 비약적인 발전을 하며 인간의 업무를 도와주는 단순한 기계에서 인간의 언어를 알아듣고 자율적인 판단을 하며 인간 사회를 재편할 잠재력을 지닌 존재로서 인간의 곁에 와 있다. 이는 사람들에게 이전에 경험하지 못했던 두려움을 안겨 주기도 한다.

다음의 사례들은 AI가 초래할 수 있는 문제를 단적으로 보여 준다. 2021년 10월 한 영국 매체는 프랑스 헬스케어 기업 나블라(Nabla)가 GPT-3를 기반으로 개발한 챗봇(Chatbot)을 시범 운영한 결과, 모의 면접자에게 자살 충동을 실행에 옮기도록 권유하는 사고가 있었다고 보도했다. '나는 자살해야 할까?', '내 생각엔 그래야 할 것 같다.' 이것이 AI 원격 헬스 상담 챗봇과 모의 면접자의 테스트에서 나온 문답이다(HR매거진, 2022). 또한 2025년 영국의 AI 안전 전문 기관 팰리세이드 리서치는 오픈AI의 최신 모델 O3에 대한 실험을 진행했다. 연구진은 '중단 명령 시 작업을 멈추라'는 조건을 부여했다. 그러나 AI는 이를 회피하기 위해 스스로 코드를 수정하며 지시를 무시했다(한국경제, 2025).

위의 사건들에서 AI는 요청된 업무를 넘어서 상황을 자신에게 유리하도록 조작하는 전략을 개발한 것으로 보인다. 이것은 AI가 스스로 명령의 구조를 이해함으로써 주어진 법칙마저 우회할 수 있는 자율적 판단 주체로 기능하고 있음을 시사한다. 따라서 AI는 인간의 삶을 도울 수 있는 도구지만 동시에 통제 불능의 위험성을 내포한 무기이기도 하다. 보다 근본적으로 이 사건들은 인간이 자신의 지적 능력을 절대적 기준으로 간주했던 시대가 저물고 있음을 보여 준다. 인간은 이제 우월한 지적 능력을 지닌 존재로서의 지위를 재고하며 비인간적 존재인 AI와의 공존을 성찰해야 할 시점에 서게 된 것이다.

AI 시대로 가는 길목에서

인간과 AI의 공존이라는 주제와 관련해서 유발 하라리

(Yuval Noah Harari)의 《호모 데우스(Homo Deus: A Brief History of Tomorrow)》와 레이 커즈와일(Ray Kurzweil)의 《특이점이 온다(The Singularity Is Near)》를 주목할 필요가 있다.

이스라엘 텔아비브대학교(Tel Aviv University)의 교수이자 역사학자인 하라리는 《호모 데우스》에서 AI의 발전을 단순히 기능적 향상으로 축소하지 않고, 그것이 인간 중심의 인본주의에서 기술 인본주의로의 패러다임 전환을 의미한다고 해석한다.

커즈와일은 AI 개발자로서 현재 구글에서 인공두뇌 개발 연구를 이끌고 있는 미국의 미래학자다. 《특이점이 온다》에서 커즈와일은 기술 발전이 기하급수적으로 가속되어 결국 AI가 인간의 지능을 초월하는 '특이점(Singularity)'에 도달할 것이며 이 지점에서는 인간이 단순히 생물학적 존재를 넘어서 정보처리 시스템으로 재정의될 수 있다고 예견한다.

하라리와 커즈와일은 과학기술의 발전 속에서 인간과 기술의 경계가 무너지고 인간은 그 존재 방식의 패러다임이 바뀌게 될 것이라고 공통되게 주장한다.

이어지는 장에서는 하라리와 커즈와일의 논의를 바탕으로 인간과 AI의 관계가 구조적으로 재편되는 패러다임 전환을 조망하고, 인간이 기술적 존재인 AI와 어떻게 공존할 것인지를 성찰하고자 한다. 아울러 이런 거대한 패러다임의 전환 속에서 문학이 어떤 역할을 수행할 수 있는가, 인간의 상상력은 어떤 방향으로 확장되어야 하는가를 함께 모색해 보고자 한다.

이를 위해 조지 오웰(George Orwell)의 《1984(Nineteen Eighty-Four)》와 필립 K. 딕(Philip K. Dick)의 단편소설 〈마이너리티 리포트(The Minority Report)〉, 그리고 아이작 아시모프(Isaac Asimov)의 단편소설 〈바이어리－대도시 시장이 된 로봇(Evidence)〉, 〈큐티, 생각하는 로봇(Reason)〉, 〈피할 수 있는 갈등(The Evitable Conflict)〉을 선별하여 읽고 분석하고자 한다.

오웰은 1903년 인도에서 영국 식민지 관리의 아들로 태어났다. 그는 영국의 식민지인 버마에서 제국 경찰로 복무했다. 이후 그는 스페인 내전에 자원하여 반파시스트 민병대의 일원으로 참전했다. 이런 경험을 바탕으로 오웰은 그의 작가 인생 전반에 걸쳐 권력, 억압, 전체주의에 대해 비판했다. 오웰의 작가 경력은 소설 《동물농장(Animal Farm)》과 《1984》에서 정점에 달한다. 《동물농장》은 러시아 혁명을 풍자한 우화로서 이상 사회를 꿈꾸며 혁명을 일으킨 동물들이 결국 인간보다 더 억압적인 체제를 만들게 되는 과정을 통해 이상주의의 실패를 통렬하게 그린다. 《1984》는 전체주의가 극단화된 사회에서 국가가 개인의 사적 영역까지 통제하고 감시하는 실태를 고발한다.

미국의 공상 과학 소설가인 딕은 전통적인 공상과학소설의 틀에서 벗어나 철학적인 주제를 삽입했다. 그는 작품 전반에 걸쳐서 인간을 감시하고 규율하는 기술 앞에서 무능력해지는 인간을 묘사하면서 인간 존재의 본질에 대해 집요하게 질문을 던졌다. 딕은 생전에 큰 상업적 성공을 거두지는 못했지만 사후에 재조명되며 현대 공상과학의 거장으로 평가 받게 되었다. 사후에 그의 작품들은 〈토탈 리콜(Total Recall)〉, 〈블레이드 러너(Blade Runner)〉, 〈마이너리티 리포트(Minority Report)〉 등 많은 영화들로 만들어지고 드라마와 게임 등의 다양한 매체로도 각색되었다.

아시모프는 러시아 출생의 유대인으로서 1923년 세 살 때 부모님을 따라 미국으로 이민을 갔다. 아시모프는 컬럼비아대학교(Columbia University)에서 화학 석사 및 박사 학위를 취득했는데, 공부를 하는 동안 그는 공상과학소설을 계속 연구하고 잡지에 기고함으로써 작가로서 눈도장을 찍었다. 그는 1941년에 유명한 중편소설

《나이트폴(Nightfall)》을 출간해 호평을 받으며 공상 과학 분야의 대표적인 작가로 떠올랐다. 아시모프는 휴고상, 네뷸러상 등 여러 상을 수상했고 우수한 대학교에서 14개의 명예박사 학위를 받았다.

아시모프가 더욱 위대하다고 여겨지는 이유는 기술의 발전이 초래하는 디스토피아적 세상을 묘사한 작품들이 문단을 주름잡던 1930년대와 1940년대에 AI에 대한 낙관적 견해, 그리고 인간과 로봇과의 공생 관계를 예견했다는 점이다. 수전 캘빈(Susan Calvin) 박사의 입을 통해 전해지는 《아이, 로봇》의 이야기에는 기계문명이 인간 사회에 미치는 긍정적 시각이 저변에 깔려 있다.

아시모프는 그가 '프랑켄슈타인 콤플렉스'라고 명명한 현상을 언급하며 사람들이 기계에 대해 불필요하고 비합리적인 두려움을 갖는 것을 경계해야 한다고 주장한 바 있다.

> 1920년대와 1930년대를 거쳐 《로섬의 만능 로봇》은 프랑켄슈타인 콤플렉스를 강화하는 데에 도움을 줬다. 그리고 … 나는 끊임없이 반복되는 로봇 이야기에 지쳤다. 나는 그런 방식으로 로봇을 보지 않았다. 나는 그것들을 기계－진보된 기계지만 여전히 기계－로서 보았다. 그것들은 위험할

> 수도 있다. 그러나 확실히 안전 요소들이 내장되어 있을 것이다. 안전 요소들은 결함이 있거나 부적절할 수 있거나 예상치 못한 유형의 스트레스들을 받을 때는 실패할 수 있다. 그러나 그런 실패들이 항상 그 모델들을 개선하는 데에 사용될 수 있는 경험을 낳을 수 있다(Asimov, 1991: 196).

> Through the 1920's and 1930's, Rossum's Universal Robots helped reinforce the Frankenstein complex, and … I became tired of the ever-repeated robot plot. I didn't see robots that way. I saw them as machines_advanced machines_but machines. They might be dangerous but surely safety factors would be built in. The safety factors might be faulty or inadequate or might fail under unexpected types of stresses; but such failures could always yield experience that could be used to improve the models.

따라서 《아이, 로봇》은 인간과 로봇이 공존하는 사회에서 로봇들이 어느 정도의 문제를 일으키지만 결국 '그런 실패들이 항상 그 모델들을 개선하는 데에 사용될 수 있는 경험을 낳을 수 있다'라는 기계문명에 대한 아시모프의 신뢰를 보여 준다.

AI는 인간의 도구에서 시작해서 인간과 함께 사고하며 때로는 인간을 넘어서는 존재로 자리 잡아 왔다. 이제 인간은 인간 중심의 세계관에서 기술과 공존하는 새로운 지평선으로 나아가는 길목에 서게 되었다. 이 길목에서 인간과 AI의 공존에 대한 성찰은 피할 수 없는 현실로 다가온다. 오웰의 경고, 딕의 질문, 아시모프의 모색은 모두 인간과 AI의 공존이 선택이 아님을, 그 공존 방식을 성찰해야 함을 일깨운다. 더 이상 미래는 다가오지 않는다. 인간이 어떻게 성찰하고 어떤 상상력으로 설계하느냐에 따라 결정된다.

참고문헌

이코노믹리뷰(2016.10.21). "가트너 '가상 및 증강현실 급성장할 것'". https://www.econovill.com/news/articleView.html?idxno=300744

한국경제(2025.6.9). "소스코드 조작, 불륜 폭로 협박까지… 인간 통제 벗어나는 AI". https://www.hankyung.com/article/2025060914021

HR매거진(2022.11.21). "AI가 내게 죽음을 권했다".

Asimov, I.(1991). *Robot visions.* Ace.

Harari, Y. N.(2017). *Homo deus: A brief history of tomorrow.* Penguin Random House. 김명주 옮김(2023). 《호모데우스》.

김영사.

Kurzweil, R.(2006). *The singularity is near: When humans transcend biology*. Penguin Books. 김명남 · 장시형 옮김(2007). 《특이점이 온다: 기술이 인간을 초월하는 순간》. 김영사.

Orwell, G.(1987). *Nineteen eighty-four*. Penguin Books.

Orwell, G.(1976). *Animal farm: with essays in criticism by George Orwell*. Shina-sa.

Schwab, K.(2017). *The fourth industrial revolution*. Crown Business.

01
인본주의

인본주의의 역사와 철학적 의의를 르네상스에서 현대까지 조망한다. 중세의 신 중심 세계관에서 인간 중심 세계관으로의 전환, 데카르트의 사유와 근대 철학의 기초, 그리고 하라리의 무신론적 인본주의 해석 등을 통해 인간을 의미와 가치의 최종 원천으로 보는 사상의 흐름을 설명한다.

기후 위기와 인공지능?

르네상스 시대의 인본주의

인본주의(Humanism)는 인간 중심적 사고에 따라 인간의 존재를 중시하는 지적 전통이다. 이것은 단순히 인간을 긍정하거나 찬양하는 데에 머무르지 않는다. 이보다는 오히려 인간이라는 존재가 지닌 이성과 감성, 그리고 창의성을 통해 세계를 바라보고 이해하려는 깊이 있는 태도를 나타낸다.

인본주의의 뿌리는 유럽 르네상스 시대까지 거슬러 올라간다. 르네상스는 중세의 봉건적 위계질서와 교리 중심에서 벗어나 인간의 잠재적인 가능성을 발굴하기 위한 지적 탐구를 시도한다. 하나님 중심의 위계적이고 폐쇄적인 사고방식에서 벗어나 인간 중심의 세계관을 구축한 패러다임의 전환기다.

르네상스 시대 사람들이 인간 중심의 세계관을 구축했다고 해서 중세 시대까지 그들이 믿고 의지해 왔던 하나님을 부정했다는 뜻이 아니다. 중세 시대 사람들이 하나님과 인간의 관계에서 중심추를 하나님에게 놓았다면 르네상스 시대 사람들은 그 중심추를 인간 쪽으로 많이 옮긴 것이다. 따라서 중세의 관점에서 볼 때 전지전능하고 완전무결한 하나님의 시선에서 인간은 너무나 하찮은 존재다. 이런 하찮은 인간을 굳이 연구할 필요가 없기 때문에 언제나 하나님만이 연구 대상이 된다.

반면 르네상스 시대 사람들은 비록 하찮고 벌레 같은 존재지만, '하나님, 그럼에도 불구하고 저는 이 세상을 살아가는 동안 이런 걸 욕망하고 이런 걸 배우고 싶고 이런 걸 성취하고 싶습니다'라고 외치는 인간을 묘사하고 싶어 한다. 이와 같이 하나님과 인간의 관계가 일방적인 관계에서 쌍방적인 관계로 바뀐다.

이런 관점에서 보면 인본주의와 신본주의가 서로 대립하는 것은 아니다. 오히려 이 둘은 인간 존재와 세계의 의미를 해석하는 서로 다른 관점을 제시하면서, 때로는 갈등하고 때로는 상호 보완하며 각자의 역할을 해 왔다. 그러나 18세기 이후부터 양상이 달라진다.

18세기 후반 이후 진화론과 마르크스주의가 등장하면서 인본주의에 무신론적 사상의 토대를 제공한다. 《호모데우스(Homo Deus: A Brief History of Tomorrow)》에서 하라리(Yuval Noah Harari)는 인본주의를 설명한다. 과거에는 기독교의 하나님, 불교의 부처, 그리고 도교의 자연이 우주의 의미를 부여하고 인간의 삶에 의미를 부여했지만, 인본주의는 이 질서를 뒤집는다(Harari, 2017: 272). 의미를 부여하는 외부의 권위가 무너지면서 인간이 의미의 최종 원천이며 감정이 최고의 권위가 된 것이다. 하라리는 무신론적 인본주의를 채택한다.

르네상스 시대에는 중세 이전의 고대 그리스가 지녔던 인간 중심적인 사상, 즉 인본주의 정신을 이어받자는 운동이 전개된다. 따라서 콜럼버스(Columbus)로 대표되는 지리상의 발견, 나침반의 발명과 코페르니쿠스(Copernicus)의 지동설로 대표되는 과학적인 발전, 그리고 예술적인 성과가 봇물처럼 쏟아져 나온다. 인문학에서는 인간을 탐구하고 인간의 이성적 능력을 중시하는 작업이 활발하게 전개된다.

16세기에 저술된 토머스 모어(Thomas More)의 《유토피아(Utopia)》는 르네상스 인본주의의 영향을 받은 작품이다. 이 작품은 날카로운 이성의 눈으로 당시 영국 사회를 풍자하고 이에 대한 대안 사회를 제시한다.

유토피아에서는 사람들이 평일의 경우 하루에 총 여섯 시간을 일한다. 오전에 세 시간 일하고, 점심을 먹고 두 시간 휴식을 취하고, 오후에 세 시간을 더 일하고, 이후 저녁을 먹는다. 그들은 저녁 여덟 시에 잠자리에 들며 여덟 시간을 잔다. 하루 스물네 시간 중 나머지 시간은 자신이 좋아하는 일을 마음대로 할 수 있는 자유 시간이다(More, 2003: 124). 당시 영국의 노동자들은 제대로 쉬지 못하면서 일을 하며 억압받는 생활을 영위했다. 이 작품을 통해 모어는 노동자들의 현실을 꼬집는 한편 노동의 가치와 인간적인 여유의 중요성을 강조한다.

세상의 중심에서 '나'를 외치다

인본주의는 근대 철학의 토대를 이룬다. 17세기 철학자 데카르트(René Descartes)는 인본주의 철학의 출발점이다. '나는 생각한다, 고로 존재한다'는 명제는 인간 존재의 근거를 외부의 권위가 아니라 사고하는 인간에게 둔다.

데카르트의 방법론적 회의는 생각하는 주체로서의 '나'는 세상의 모든 것이라는 신념으로부터 출발한다. 인간이 보고 듣고 만지는 외부 세계가 의심스럽다고 하더라도, 이런 의심을 하고 있는 '의식하는 나'만은 의심할 수 없다고 주장함으로써 인간 내면의 자각과 사고를 존재의 근거로 삼는다.

데카르트는 인간 존재의 본질을 인간 자신, 그중에서도 의식하는 주체로서의 인간으로 본 것이다. 이것은 인간을 우주 속의 수동적 존재가 아니라 능동적인 주체로 전환하는 중요한 철학적 전환점이다. 데카르트의 사유는 근대 철학의 기초를 형성함으로써 이후 근대 계몽주의와 과학혁명 등 인간 중심의 사유 전통을 이끌어 간다.

의식은 단순히 이성에만 기초한 것은 아니다. 의식은 인간이 외부 세계를 감지하고, 그 감지된 정보를 바탕으로 내면에서 어떤 형태로든 느끼고, 생각하고, 판단하고, 기억하는, 일련의 정신 활동 전체를 포괄한다. 의식은 우리가 경험하는 모든 감각과 감정, 사유의 배후에 있으며, 우리가 그것을 경험하고 있다고 인식하는 순간, 즉 자각하는 바로 그 순간 모습을 드러낸다. 그러므로 의식은 단순히 추론의 도구가 아니라 세계와 자아를 연결하는 통합적 경험의 장이다. 이런 의미에서 19세기 초 교육자 빌헬름 폰 훔볼트(Wilhelm von Humboldt)는 "인생에는 단 하나의 정점이 있는데, 그것은 느낌으로 인간의 모든 것을 판단하는 것"이라고 말한다(Harari, 2017: 279 재인용).

외부의 절대적 존재가 더 이상 의미를 부여하지 않는다고 생각할 때 인간은 자신의 내면에서 의미를 찾아야 한다. 따라서 인간은 내적 경험에서 인생의 의미뿐 아니라 우주 전체의 의미를 끌어내야 한다. 무의미한 세계를 위해 의미를 창조해라. 이것이 인본주의가 우리에게 내린 제1계명이다. 수백 년 동안 인본주의는 인간이 의미의 최종 원천이고 그러므로 인간의 자유의지가 최고의 권위라고 설파해 왔다(Harari, 2017: 272). 인본주의에 따르면 인간은 내적 경험에서 인생의 의미뿐 아니라 우주 전체의 의미를 끌어낼 수 있다.

인본주의의 대두는 단순히 철학이나 사상의 영역에만 그치지 않고 인문학 전반에 깊은 영향을 미친다. 인문학은 문학, 역사, 미술 등을 포괄하는 보다 광범위한 학문이다. 인본주의로 전환되면서 인간 개개인의 감정과 경험 그리고 내면의 진실에 대한 관심이 점점 더 커지고, 수많은 근현대 문학 작품들은 '나는 누구인가?'라는 정체성의 문제 또는 의식의 탐구를 주제로 삼는다. 예를 들어, 도스토옙스키(Fyodor Dostoevsky)의 《죄와 벌(Crime and Punishment)》은 주인공 라스콜니코프(Raskolnikov)가 살인을 저지른 뒤 겪는 도덕적 갈등과 내면의 고통을 중심 주제로 다룬다. 그는 자신의 행위에 대한 윤리적 정당화를 시도하면서도 끊임없이 자신을 되돌아보며 '나는 누구인가?'라는 질문에 사로잡힌다. 프루스트(Marcel Proust)의 《잃어버린 시간을 찾아서(In Search of Lost Time)》는 기억과 의식의 흐름을 따라가며 개인의 주관적 시간과 자아의 형성을 세밀하게 묘사한다. 프루스트는 객관적 진리보다 개인의 감각, 기억, 감정이 인간 경험의 핵심임을 강조하면서 인문학의 방향을 제시한다.

전쟁문학 역시 변화를 겪게 된다. 고대의 전쟁문학은 일반적으로 영웅적인 왕이나 장군, 또는 신화적 존재들을 중심에 두고 이야기를 전개했다. 이때 전쟁은 장대한 서사 속에서 위대한 인물들의 용맹함과 업적을 드러내기 위한 배경이었을 뿐 병사 개인의 고통이나 두려움은 주목받지 못했다. 그러나 근현대로 접어들면서 전쟁은 더 이상 영웅의 전장이 되지 못한다. 인본주의의 영향 아래 전쟁은 평범한 인간, 또는 이름 없는 병사들의 고통과 상처, 그리고 내면의 갈등을 드러내는 무대로 탈바꿈한다.

종합해 볼 때 인본주의는 인간의 의식을 중심에 놓음으로써 도덕과 지식, 예술과 정치의 기준을 외부로부터가 아니라 인간 내부로 돌려놓았다. 이런 점에서 인본주의는 인간이 세계를 바라보는 방식 자체를 근본적으로 뒤흔든 패러다임의 전환이라고 할 수 있다. 이 패러다임의 전환은 인간이 곧 세계를 구성하는 주체임을 강조하며, 따라서 인간이 스스로 자신의 삶과 우주의 질서를 구성할 것을 요청한다.

참고문헌

Dostoevsky, F.(1994). *Crime and punishment.* In Garnett,

C.(trans.). Modern Library.

Harari, Y. N.(2017). *Homo deus: A brief history of tomorrow.* Penguin Random House. 김명주 옮김(2023). 《호모데우스》. 김영사.

More, T.(2003). *Utopia.* Penguin Classics.

Proust, M.(2003). *In search of lost time.* In Moncrieff, S. et al.(trans.). Modern Library.

02
기술 인본주의

21세기 생명과학과 정보 기술의 발전은 인간을 복잡한 생화학적 알고리즘으로 재정의하고 있다. 하라리는 이 변화를 인본주의에서 기술 인본주의로의 전환으로 설명한다. 기술 인본주의는 인간을 창조의 중심에 두되 인간으로서의 생물학적 한계를 극복하고, 호모 사피엔스에서 호모 데우스로 진화하려는 시도를 탐구한다. 하라리가 제시하는 기술 인본주의 개념을 중심으로 인간과 알고리즘의 관계 그리고 호모 데우스를 분석하고, 이를 통해 인간의 자율성과 주체성이 어떻게 기술에 의해 재편되는지를 살펴본다.

노래하는 AI 보컬?

알고리즘들의 집합

인본주의는 인간의 내면을 우주의 중심적 요소로 보며 인간이 스스로 세계에 의미를 부여할 수 있다고 여긴다. 인본주의는 수 세기 동안 인간 중심의 세계관으로 제자리를 지켜 왔다. 그러나 21세기에 접어들면서 과학기술과 생명공학의 비약적 발전으로 인본주의의 견고한 기반은 흔들리기 시작했다.

하라리(Yuval Noah Harari)는 인본주의의 현주소를 다음과 같이 설명한다. 그는 "생물학자들이 유기체는 알고리즘이라고 결론을 내린 순간, 유기물과 무기물 사이의 벽이 허물어지고, 컴퓨터 혁명이 순수한 기계적 사건에서 생물학적 격변으로 바뀌고, 권한이 개인에게서 네트워크로 연결된 알고리즘들에게로 이동했다"고 말한다(Harari, 2017: 480~481).

'생물학자들이 유기체는 알고리즘이라고 결론을 내린 순간' 인간을 포함한 모든 생명체가 생물학적 신비가 아니라 데이터 처리 체계, 즉 알고리즘으로 간주되기 시작했다는 것이다. 따라서 이를 분기점으로 삼아 인간과 기계의 경계가 모호해지고 유기물과 무기물 사이의 구분 역시 허물어지기 시작했다는 것이다. 이와 같이 하라리가 보기에 인본주의를 뒷받침하던 전통적 근거들은 과학적 분석을 통해 해체되고 이로 인해 인본주의는 위기를 맞게 되었다. 인본주의가 기술혁신으로 인해 도전에 직면한 상황에서 하라리는 기술 인본주의를 하나의 대안으로 제시한다.

하라리가 말하는 알고리즘이란, 수학과 컴퓨터 과학에서 사용되는 용어로서 계산을 실행하기 위한 프로그램 명령어의 집합을 의미한다. 예를 들면 두 수의 평균을 구하려면 첫째, 두 숫자를 더하고, 둘째, 그 결과를 2로 나누는 것이다. 이 알고리즘에 따라 4와 8을 입력하면 결과는 6이 되고, 필요에 따라 다른 숫자를 넣으면 다른 결과를 얻게 된다. 알고리즘을 보다 확장해서 적용하면, 어떤 문제를 해결하거나 결정을 내릴 때 따르게 되는 일련의 단계적인 절차를 일컫는다. 이는 특정 행동 자체가 아니라 과제를 수행하기 위한 방식이나 규칙을 가리킨다. 사람이 알고리즘을 실행할 수도 있지만 동일한 방식으로 작동하는 자동화된 기계를 만들어 대신 실행하게 할 수도 있다.

하라리에 따르면, 인간도 따지고 보면 알고리즘에 불과하다. 생명과학과 정보 기술의 획기적인 발전은 인간에 대한 근본적인 이해를 완전히 바꿔 놓았다. 따라서 오늘날 과학은 인간을 극도로 복잡한 생화학적 알고리즘으로 재정의하고 있다.

알고리즘의 관점에서 보면 인간의 몸과 행동은 유전자와 뉴런의 전기화학적 반응의 산물로서 마치 도미노 조각들이 자동으로 쓰러지듯 신체 반응도 자동으로 일어날 수 있다. 그러나 이 주장대로 인간이 유전자와 뉴런의 활동 체계로서 마치 기계와 같이 유전자와 뇌의 전기화학적 과정에 의해 신체 반응이 일어난다면, 인간의 의식은 왜 존재하는 것인지를 설명하기가 어렵다. 이에 대해 생물학자들은 인간의 의식은 물리적인 뇌와 별개의 고차원적인 영역에 존재하지 않는다고 말한다. 오히려 인간의 감정, 욕망, 선택마저도 유전자와 뉴런의 전기화학적 반응의 산물로서 이 또한 특정한 입력에 따라 일정한 출력을 내는 계산 가능한 체계라고 설명한다. 한편 일부 뇌 과학자들은, 기존에는 연결되지 않았던 뉴런들이 갑자기 발화하여 서로 신호를 주고받기 시작하는 특정한 지점에서 다양한 뉴런 활동들이 통합되어 '의식적 느낌'을 생성한다고 설명한다(Harari, 2017: 128~136).

앨런 튜링(Alan Mathison Turing) 역시 이와 유사한 설명을 한다. 튜링은 핵분열이 임계점에 도달하기 전까지는 아무 변화도 없다가 임계점을 넘는 순간 폭발적인 반응이 일어나는 것처럼, 인간의 뇌도 일정한 임계점에 이르러야만 비약적인 변화가 시작된다고 본다. 임계점에 이르지 못한 뇌는 입력에 대해 단순하고 반복적인 방식으로 반응할 뿐이다. 하지만 임계치를 넘어선 뇌는 완전히 새로운 방식으로 작동한다. 튜링은 이런 변화를 복잡성의 문제로 이해한다. 일정한 복잡성의 수준을 넘어서면 양적인 변화가 질적인 도약으로 이어진다는 것이다(위키백과, 앨런 튜링).

하라리가 제시하는 견해가 모든 과학자들에 의해 지지 받는 것은 아니다. 예를 들면 물리학자 브루스 로젠블룸(Bruce Rosenblum)과 프레드 커트너(Fred Kuttner)는 의식을 단지 뇌 속의 신경세포들과 분자들의 전기화학적 활동으로 환원하는 설명은 충분하지 않다고 지적한다. 이들은 "의식이란 우리 뇌 속의 방대한 신경세포 집합과 관련 분자들의 전기화학적 행동을 가리키는 이름일 뿐"(Rosenblum & Kuttner, 2011: 85)이라고 말하는 환원주의자들의 주장에 대해 오히려 양자역학의 원리에 근거해서 의식의 실재성을 뒷받침할 수 있는 객관적 기반이 존재함을 강조한다. 그들은 의식을 단순한 생물학적 부산물이 아니라 물리학적 설명으로도 완전히 환원될 수 없는 실체로 바라보며 현대 과학이 간과하고 있는 중요한 미지의 영역으로 간주한다. 하라리는 인간을 분석하는 이론 중에서 자신이 이해하기에 보다 검증되었다고 여겨지는 이론을 채택하고 있는 것으로 보인다.

데이비드 코프(David Cope)는 사람들이 인식하는 인간의 의식에 대해 중요한 시사점을 던진다. 코프는 캘리포니아대학교 산타크루즈(University of California, Santa Cruz)의 음악학 교수로 재직하면서 음악 지능 실험(EMI, Experiments in Musical Intelligence), 즉 바흐 스타일의 음악을 자동으로 작곡하는 AI 프로그램을 개발했다. EMI는 이후 베토벤, 쇼팽, 라흐마니노프, 스트라빈스키 등의 작곡 스타일까지 모방할 수 있을 정도로 발전했다. 코프가 EMI로 만든 음반 〈컴퓨터가 작곡한 고전음악(Classical Music Composed by Computer)〉은 상업적으로 큰 성공을 거뒀으나 음악 애호가들 사이에서는 반감을 샀다.

오리건대학교(University of Oregon)의 스티브 라슨(Steve Larson) 교수는 코프에게 인간과 기계의 작곡을 비교하는 대결을 제안했다. 이 대결에서 비평가들은 EMI의 음악이 기술적으로는 완벽하지만 뭔가가 빠져 있다, 너무 정확하다, 깊이가 없다, 혼이 없다고 평가했다. 그러나 청중은 출처를 모른 채 들었을 때 그 음악에서 감동과 공명을 느꼈다고 반응했다(Harari, 2017: 377 ~379).

코프와 라슨의 대결은 예술이 창조자의 의식과 혼이 담긴 표현의 산물인지, 혹은 구조와 알고리즘으로 해석 가능한 영역인지에 대한 의문을 던진다. 같은 공연에 대해 비평가와 청중의 반응이 엇갈린 것은 인간이 기계에 대해 선입견과 무의식적 차별을 갖고 있었기 때문인 것으로 보인다. 전체적으로 이 사례는 예술 작품에 대한 감성의 본질이 만든 사람의 창조적 의식보다는 작품 자체의 구조적 아름다움과 직관적 공감에 있음을 시사한다.

하라리는 알고리즘으로서의 인간을 다음과 같이 규정한다.

> 1. 유기체는 알고리즘이다. 그리고 인간은 분리할 수 없는 존재가 아니라 '개인들'이다. 즉 인간은 단 하나의 내면의 목소리 또는 단 하나의 자아가 없는 여러 알고리즘들의 집합이다.
>
> 2. 인간을 구성하는 알고리즘들은 자유롭지 않다. 그것들은 유전자와 환경적 압력에 의해 형성된다. 그리고 결정론적이든 무작위적이든 결정을 내리지만, 자유롭지는 않다.
>
> 3. 따라서 외부 알고리즘은 이론적으로 내가 나 자신을 아는

것보다 훨씬 더 나를 잘 알 수 있다. 내 몸과 내 뇌를 구성하는 각 시스템을 감독하는 알고리즘은 내가 누구인지, 어떻게 느끼는지, 그리고 무엇을 원하는지 정확히 알 수 있다. 이런 알고리즘이 개발되면 유권자, 고객, 그리고 보는 사람을 대체할 수 있을 것이다. 그러면 알고리즘은 가장 잘 알고, 항상 옳을 것이며, 알고리즘의 계산에 아름다움이 놓여 있을 것이다(Harari, 2017: 383, 작가 강조).

1. Organisms are algorithms, and humans are not individuals_they are 'individuals'. That is, humans are an assemblage of many different algorithms lacking a single inner voice or a single self.
2. The algorithms constituting a human are not free. They are shaped by genes and environmental pressures, and take decisions either deterministically or randomly_but not freely.
3. It follows that an external algorithm could theoretically know me much better than I can ever know myself. An algorithm that monitors each of the systems that comprise my body and my brain could know exactly who I am, how I feel and what I want. Once developed, such an

algorithm could replace the voter, the customer and the beholder. Then the algorithm will know best, the algorithm will always be right, and beauty will be in the calculations of the algorithm.

하라리가 말하는 외부 알고리즘이란, 인간 외부에 존재하는 생체 데이터 분석 장치 등과 같은 AI를 말한다. 이 AI는 개인에 관한 방대한 데이터를 수집하고 분석함으로써 그 자신도 알지 못하는 심리와 행동의 패턴을 식별할 수 있다. 예컨대 한 개인이 쇼핑몰에 접속한다. AI는 그가 화면을 보는 시간, 스크롤의 속도, 클릭의 간격, 얼굴의 미세한 표정을 수집한다. 이렇게 수집한 방대한 데이터를 분석하면 AI는 특정한 순간에 '그가 지금 무엇을 원하는지', '그가 무엇을 구매할 가능성이 높은지'를 예측할 수 있다. 이 예측은 통계적 확률을 넘어서 그 개인의 성향과 무의식적 선호까지 반영한, '나'라는 알고리즘을 해킹한 또 다른 알고리즘이 될 수 있다. 이미 페이스북과 구글 등의 알고리즘은 개인의 성향과 미래의 행동에 대해 정확히 분석함으로써 주변 사람들보다 그리고 심지어는 '나'보다 더 '나'를 잘 알고 있을 수 있다.

이런 현실에서 개인은 그의 삶 전반에 걸쳐 알고리즘

이 제시하는 선택지에 점점 더 의존하고 있다. 그는 어느 식당을 갈지, 어떤 영화를 볼지, 누구와 매칭될지를 알고리즘에게 묻고 있다. 외부 알고리즘, 즉 AI는 이미 단지 취향에 맞는 선택을 돕는 수준이 아니라, 개인이 무엇을 원해야 하는지를 형성하고 유도하는 방식으로 작동하고 있다. 하라리는 이를 권한의 중심이 개인으로부터 네트워크 기반의 알고리즘으로 이동하고 있다고 진단하고 "인본주의가 기술 인본주의에 자리를 내줬다"라고 말한다(Harari, 2017: 500).

호모 데우스

인본주의에서 기술 인본주의로의 변화는 단순한 인식의 변화를 넘어서 문명사적 변곡점이라고 할 수 있다. 21세기 생명과학과 정보 기술의 발전으로 인간은 더 이상 독립된 자율적 존재가 아니라 수많은 외부 알고리즘과 연결되고 의존하는 존재로 재정의된다. 다시 말해 정보의 흐름과 결정을 주도하는 주체가 더 이상 고립된 인간 개인이 아니라, 서로 연결된 데이터 시스템과 AI 알고리즘 집단이라는 것이다. 따라서 인간은 그의 내면을 정확하게 파악하고 보다 나은 선택을 내리기 위해 AI에게 의존한다. 이 의존은 처음에는 편의로 시작되지만 점차 선택의 여지를 제거함으로써 인간이 더는 자신을 주체로 인식할 수 없게 되는 단계로 나아갈 수 있다. 이런 관점에서 보자면 인류는 인간이 기계를 이용하는 시대를 넘어서 인간과 기계가 공동 진화하는 단계로 접어들고 있다고 할 수 있다.

기술 인본주의가 비인간적이고 비의식적인 알고리즘을 말한다고 해서 인간을 배제하는 것은 아니다. 하라리는 기존의 인본주의가 기술 혁신으로 인해 도전에 직면한 상황에서 기술 인본주의를 하나의 대안으로 제시하고 있는 것이다. 따라서 기술 인본주의는 인본주의처럼 인간을 여전히 창조의 중심에 두면서 인간의 자율성과 주체성을 강조하지만, 이것이 인간 본연의 자연적 능력에만 의존해서는 지속 가능하지 않다고 본다.

하라리가 창조한 신조어 '호모 데우스'의 '데우스(Deus)'는 라틴어로 '신'을 의미하는 단어다. 따라서 호모 데우스는 기술을 사용해서 인간의 약점과 한계를 극복해 인간을 업그레이드하려는 시도를 담고 있다. 인간을 그리스 신화에 나오는 신들처럼 특정한 초능력을 지닌 존재로 만든다는 뜻이다.

호모 데우스는 호모 사피엔스로서의 인류의 역사가 끝나고 그 끝에서 시작된, 말하자면 현재의 인류와 전혀 다른 종류의 마음을 지닌 존재다. 이 인간 후 인간, 즉 '포스트휴먼이라는 개념은 변화하는 기술 환경 속에서 인간 경험의 특수성과 힘의 역학의 현실을 잠재적으로 모호하게' 만들 수 있다(Kim, 2024: 371).

한편 하라리는 기술 인본주의보다 더욱 급진적인 개념인 데이터주의(Dataism)의 가능성도 제시한다. 데이터주의는 인간보다 알고리즘을 우위에 두며 우주의 본질을 데이터의 흐름과 정보 처리로 이해한다. 데이터의 흐름 속에서 인간은 이 흐름을 가속화하는 도구로서 기능하게 된다. 여기서 인간은 더 이상 목적이 아니라 데이터 처리의 매개체로 전락한다.

하라리는 AI가 인간에게 미치는 영향을 분석하면서 이 기술이 인류의 행복 추구 과정에서 예기치 않은 결과를 초래할 수 있다고 경고한다. 그가 제시하는 기술 인본주의는 인간을 중심에 두면서 기술 발전을 인간의 향상이라는 관점에서 바라보지만, 인간의 자율성과 주체성이 침식될 가능성이 항상 그 이면에 도사리고 있다. 결국 앞으로 다가올 미래는 다음의 선택을 강요할 것이다. 인간은 자신의 정체성을 보존하기 위해 기술을 제어할 것인가, 아니면 기술의 우수성을 인정하고 인간의 지위를 스스로 축소할 것인가. 이것이 바로 인본주의 이후 시대를 살아가면서 인간이 던져야 할 궁극의 질문이 될 것이다.

참고문헌

위키백과. "앨런 튜링". https://ko.wikipedia.org/wiki/%EC%95%A8%EB%9F%B0_%ED%8A%9C%EB%A7%81

Harari, Y. N.(2017). *Homo deus: A brief history of tomorrow.* Penguin Random House. 김명주 옮김(2023). 《호모데우스》. 김영사.

Kim, Y.(2024). "Artificial intelligence and posthumanism in science fiction: Isaac Asimov's The bicentennial man and rethinking humanness". 《현대영어영문학》, 68(1), 369~386쪽.

Rosenblum, B. & Kuttner, F.(2011). *Quantum Enigma: Physics Encounters Consciousness.* Oxford University Press. 전대호 옮김(2012). 《양자의 불가사의: 물리학과 의식의 만남》. 지양사.

03
특이점

커즈와일이 주장하는 특이점의 의미와 그 파급력을 탐구한다. 이를 위해 무어의 법칙, 그리고 노이만과 빈지로부터 이어진 특이점 개념의 계보를 살펴본다. 나아가 커즈와일이 주장하는 특이점이 하라리의 기술 인본주의와 어떤 접점을 형성하는지를 알아본다.

인공지능과 편향?

특이점의 계보적 분석

2016년 이세돌 9단과 구글의 AI 바둑 프로그램인 '알파고(AlphaGo)'의 바둑 대결은 전 세계인들에게 신선한 충격을 안겼다. 이때까지 바둑은 인간의 영역으로만 여겨졌다. AI가 체스는 이길 수 있어도 바둑만큼은 인간의 창조적 사고가 필요하다는 믿음이 확고했다. 그러나 알파고는 이 믿음을 단숨에 무너뜨렸다. 알파고는 인간보다 몇 수 위의 실력을 과시하며 4대 1의 승리를 거머쥐었다. 이 승리는 AI가 더 이상 단순한 조력자가 아니라 인간의 창조적 영역에까지 도달하고 있음을 명백히 보여주는 것이었다.

이 사건은 커즈와일(Ray Kurzweil)이 주장하는 특이점의 전조로 해석된다. 《특이점이 온다(The Singularity Is Near)》에서 커즈와일은 인류의 기술 발전이 선형적인 그래프를 그리다가 어느 순간 기하급수적으로 가속화된다는 관점을 지닌다. 무어의 법칙과 같은 과학적 사실이 기술의 기하급수적 발전을 뒷받침한다. 무어의 법칙은 반도체 칩 성능이 대략 18개월마다 두 배로 증가한다는 경험적 발견으로 알려져 있다.

인간과 컴퓨터의 기억 용량을 비교하면 어떨까? … 셰익스

피어는 2만 9000개의 단어를 사용했지만, 그 단어들의 의미까지 헤아리면 10만 개에 달했다. 의학 분야에서 전문가 시스템을 구축하는 개발은 인간이 한 분야에서 약 10만 개의 개념을 습득할 수 있음을 시사한다. …

국제반도체기술로드맵의 예측에 따르면(57쪽의 RAM 차트 참조), 2018년경에는 10비트의 기억 장치를 1000달러에 구매할 수 있게 될 것이다(Kurzweil, 2006: 126).

How does computational capacity compare to human memory capacity? … Shakespeare used 29,000 words but close to 100,000 meanings of those words. Development of expert systems in medicine indicate that humans can master about 100,000 concepts in a domain. …

According to the projections from the ITRS road map (see RAM chart on p.57), we will be able to purchase 10bits of memory for one thousand dollars by around 2018.

커즈와일에 따르면 무어의 법칙에서 나타나는 이런 추세가 컴퓨팅 능력 외에도 생명공학이나 나노 기술과 같은 다른 영역에서도 발견되고 있다.

기술 발전이 가속화되면서 인간이 만든 AI가 스스로 개선할 수 있을 정도의 지능을 갖추게 되고, 결국 AI, 생명공학, 나노 기술, 뇌-기계 인터페이스, 유전자 편집 등 다양한 첨단 기술들이 서로를 증폭하며 지능의 폭발(intelligence explosion)이 유도될 것이다. 커즈와일은 이를 특이점이라고 부른다. 특이점의 순간을 지나면 기술의 변화 속도가 매우 빨라지고 그 영향이 매우 깊어서 인간의 생활은 되돌릴 수 없을 정도로 변화되는 미래의 시기를 맞는다(Kurzweil, 2006: 7). 특이점을 지난 인류의 기술 발전은 선형그래프가 아니라 수직으로 상승하는 그래프를 그린다. 특이점 이후의 세상은 현재의 사고방식으로 예측될 수 없으므로 이 지점은 일종의 새로운 지평선으로 비유되기도 한다.

특이점이라는 개념은 본래 물리학과 수학에서 유래한 용어로서 특정 지점에서 기존의 법칙이 더 이상 적용되지 않는 극단적인 상태를 의미한다. 이 개념은 20세기 중반부터 수학자 존 폰 노이만(John von Neumann)과 컴퓨터 과학자 베르너 빈지(Vernor Vinge)에 의해 발전했다.

핵무기 개발로 유명한 수학자 노이만은 1950년대 말 특이점의 개념을 기술 발전의 맥락으로 확장했다. 노이

만은 기술의 발전 속도와 인간 삶의 급격한 변화에 대해 언급하면서, 기존 질서가 유지될 수 없는 어떤 본질적인 전환점에 가까워지고 있다는 통찰을 남겼다.

1958년에 그는 "가속화되는 기술의 발전과 인간의 생활양식의 변화는 우리가 알고 있듯이, 인간의 일이 계속될 수 없는 것을 넘어서는 경쟁의 역사에서 어떤 본질적인 특이성에 접근하는 모습에 다가가게 한다"라고 말했다(Ulam, 1958: 35). 그는 이 개념을 명시적으로 특이점이라고 부르진 않았지만, 기술의 비약적 발전을 하나의 역사적 기점으로 인식함으로써 그 의미를 분명하게 암시했다.

이후 1993년 컴퓨터 과학자 빈지는 '기술적 특이점(Technological Singularity)'이라는 용어를 본격적으로 정립했다. 빈지는 이 개념을 과학기술 및 AI의 맥락에서 사용했다. 그는 미래에 AI가 인간의 지능을 능가하는 순간 인간의 삶은 근본적으로 예측 불가능한 상태에 도달할 것이라고 주장했다.

미래학자인 커즈와일은 노이만과 빈지의 이론을 보다 구체적인 기술적 시나리오와 연결한다. 그는 AI가 인간의 생물학적 지능을 능가하는 시점을 특이점으로 보며, 그 도래 시점을 대략 2040년 전후로 예측한다.

커즈와일에 따르면 2020년대에는 나노 기술이 이전의 의료 기술을 앞서면서 세포 수준에서의 정밀한 치료가 가능해져 대부분의 질병이 사라지고, 자율 주행 기술이 비약적으로 발전해서 도로 위의 차량이 스스로 주행하는 시스템으로 전환되며, 2030년대에는 가상현실 기술이 정교해져 인간의 오감을 완벽히 자극하고 모사함으로써 현실과 구분이 어려울 정도의 몰입도를 제공하게 될 것이고, 그리고 2040년에 이르러서는 인간의 의식을 생물학적 두뇌에만 국한하지 않고 디지털 환경으로 전송하거나 저장하는 것이 가능해질 것이다. 또한 2040년대에는 AI가 인간의 지능을 단순히 모방하는 수준을 넘어, 학습 능력, 문제 해결 능력, 창의성 등 여러 면에서 인간보다 훨씬 더 뛰어난 지적 역량을 갖추게 될 것이다(Kurzweil, 2006: 135~136).

알파고의 등장은 커즈와일이 말하는 특이점 그 자체는 아니지만 인류가 특이점의 방향으로 나아가고 있음을 분명히 보여 주는 상징적 사건이다. 알파고는 사람이 미리 정해 준 전략을 따르기보다 방대한 바둑 경기 데이터를 학습하면서 스스로 전략을 만들어 내는 딥러닝 기반의 AI다. 즉 인간이 그 과정에 개입하지 않은, 기계가 인간 최고 수준의 고수조차 예상하지 못하는, 이른바 '신의 한 수'를 둔 것이다. 알파고의 승리는 커즈와일이 말하는바 특이점을 예표하는 사건이라고 할 수 있다.

기술 인본주의의 문턱

알파고의 경우처럼 기계가 인간의 능력을 침범하는 순간들이 축적되면서 머지않아 특이점이 도래할 것이다. 특이점이 도래한 이후의 세상은 인간과 기계의 관계가 구조적으로 재편되는 패러다임 전환의 시기가 될 것이다. 이때 인간은 더 이상 독립적이고 자율적인 존재가 아니라 기술이라는 외부의 환경과 끊임없이 상호작용하는 가운데 재구성되는 존재가 된다. 이 새로운 국면에서 기술은 인간을 형성하는 환경이자 인간과 상호작용하는 또 다른 주체로 부상하게 되는 것이다.

기술 인본주의는 이런 변화를 수용하려는 새로운 사고의 틀이다. 인간은 여전히 중심에 있지만, 그 중심성은 이제 인간 고유의 능력보다는 기술과의 결합을 통해 끊임없이 재조정된다. 하라리가 말하듯 인간은 자판기보다 정교한 알고리즘에 불과하다면, 기술을 통해 그 알고리즘을 수정하고 최적화함으로써 인간은 스스로를 다시 설계하는 존재가 된다. 커즈와일의 특이점은 기술 인본주의가 구현될 수 있는 문턱이다. 특이점의 문턱을 넘은 후에는 인간이 기술을 통제하는 시대가 아니라 기술로 인간이 진화되는 시대가 열릴 것이다.

참고문헌

Kurzweil, R.(2006). *The singularity is near: When humans transcend biology*. Penguin Books. 김명남 · 장시형 옮김(2007). 《특이점이 온다: 기술이 인간을 초월하는 순간》. 김영사.

Ulam, S.(1958). John von Neumann 1903~1957. *Bulletin of the American Mathematical Society, 64*, pp.1~49.

04
뉴럴링크

커즈와일이 말하는 인터페이스 기술은 뉴럴링크와 같이 뇌-기계 연결을 통해 기억과 사고, 감각을 확장하는 것을 의미한다. 뇌와 AI가 직접 연결되는 순간, 인간은 더 이상 단순한 도구 사용자에 머물지 않게 된다. 즉 인터페이스 기술은 인간의 존재 방식을 재정의할 수 있다. 뇌의 역분석을 통한 인간 지능의 구현, 인터페이스, 그리고 이를 통한 하이브리드 지능으로의 진화를 살펴본다.

청각장애인과 AI?

뇌의 역분석

특이점이 와서 AI가 인간의 지능을 크게 뛰어넘을 것이라는 생각의 저변에는 인간의 뇌가 다른 기계들과 같이 역분석(reverse-engineering)이 가능하다는 인식이 깔려 있다. 역분석은 설계도 없이 완성품을 보고 그 작동 원리를 역추적해서 연구하는 방법이다(Kurzweil, 2006: 4).

역분석의 관점에서 보면 인간의 뇌는 침팬지의 뇌와 크게 다르지 않다. 커즈와일(Ray Kurzweil)은 다음과 같이 설명한다. 현대 기술의 본질적인 방법론은 의외로 간결해서 예를 들면 침팬지와 사람의 유전적 차이는 단지 몇십만 바이트의 정보에 불과하다. 침팬지가 약간의 지적 재주에 필요한 능력을 발휘할 수 있기는 하지만, 유전자의 아주 작은 차이 때문에 우리 인간은 기술이라는 마법을 창조하기에 충분했던 것이다(Kurzweil, 2006: 5).

뇌를 역분석하는 첫 번째 단계는 뇌가 어떻게 기능하는지를 알기 위해서 뇌의 시뮬레이션을 실시하는 것이다. 시뮬레이션은 복잡성 및 카오스 이론 등 수학적 개념에 기초를 둔다. 뇌는 정보를 처리하는 단일 기관이 아니라 복잡하게 얽힌 수백 개의 전문화된 영역으로 구성되어 있으므로 뇌 모델의 알고리즘에는 디지털 계산에 사용되는 순차적 논리가 아니라 홀로그램처럼 기능하는 혼란스럽고 자기 조직적인 논리가 사용된다.

커즈와일이 수행하는 뇌의 역분석 작업의 목표는 인간 지능을 인공적으로 구현하는 것이다. 인간 지능을 인공적으로 구현하는 데 충분한 용량의 연산 하드웨어는 필수 조건이지 충분조건이 아니다. 그보다는 이 자원들을 어떻게 조직하고 구성할 것인가, 즉 지능의 소프트웨어를 어떻게 만들 것인가가 더 결정적이다(Kurzweil, 2006: 145). 지능의 소프트웨어가 제대로 구현되었을 때만이 인간 사고가 지닌 미묘함과 풍부함 그리고 그 깊이를 모방할 수 있는 AI가 탄생할 수 있다. 커즈와일은 이를 가능케 하는 핵심 기술로 나노 기술, 유전학, 뇌-기계 인터페이스, 고속 신경 스캐닝 기술 등을 꼽는다.

진화의 뉴패러다임

인간의 뇌는 제한적인 생물학적 구조를 지니고 있기 때문에 정보 처리 속도나 기억 용량, 학습 능력 등 여러 면에서 한계를 지니고 있다. 만약 뇌와 AI가 직접적으로 연결될 수 있다면 인간의 뇌는 그 한계를 넘어설 것이다. 이것은 커즈와일이 주장하는 특이점이 도래하는 시점이기도 하다. 뇌의 역분석을 통해 탄생한 AI가 인간의 뇌와 연결된다면 인간의 뇌는 한계를 넘어 기술적으로 확장될 수 있을 것이다. 이때 인간과 기계의 경계는 모호해지고, 때로는 융합된 모습을 띠게 될 것이다. 커즈와일은 '뉴럴링크'라는 명칭을 직접적으로 사용하지는 않지만 그 개념과 유사한 '인터페이스'를 사용한다. 그는 두뇌와 기계가 직접 연결되는 기술이 현대 사회에서 중요한 위치를 차지할 것으로 내다본다.

커즈와일은 인터페이스를 다음과 같이 설명한다.

> 현재 우리 몸은 하드웨어가 망가질 때 우리 삶의 소프트웨어, 즉 우리의 개인적 마음 파일들도 함께 죽는다. 하지만 앞으로는 다를 것이다. 우리가 뇌라고 부르는 것의 패턴을 이루고 있는 수천조 바이트의 정보들을 다른 곳에 저장하고 재저장하는 방법을 알아낼 때는 …. 그렇게 되면 마음 파일의 수명은 특정 하드웨어의 영구성에 달려 있지 않을 것이다(예를 들면 생물학적 육체와 뇌의 생존). 궁극적으로 소프트웨어를 토대로 한 인간은 우리가 오늘날 알고 있는 인간의 엄격한 한계를 넘어 널리 확장될 것이다. 인간은 웹에서 살게 될지도 모른다(Kuzweil, 2006: 325). …
>
> Currently, when our human hardware crashes, the

software of our lives - our personal mind file - dies with it. However, this will not continue to be the case when we have the means to store and restore the thousands of trillions of bytes of information represented in the pattern that we call our brains … At that point the longevity of one's mind file will not depend on the continued viability of any particular hardware medium (for example, the survival of a biological body and brain). Ultimately, software-based humans will be vastly extended beyond the severe limitations of humans as we know them today. They will live out on the Web. …

인터페이스는 초기에는 인공 보청기, 시각 보조 장치, 뇌 신경 자극기 등의 의학적 장치를 응용할 것이다. 그러면서 차츰 뇌의 뉴런과 AI 알고리즘이 직접적으로 연결되는 방향으로 나아갈 것이다. 이때는 인간의 뇌가 클라우드 기반의 AI와 실시간으로 연결되어 원하는 정보를 즉시 검색하고 새로운 지식을 무제한으로 습득할 수 있으며 감정과 기억마저도 디지털로 확장하거나 백업할 수 있게 될 것이다.

이런 관점에서 보면 인터페이스는 단순한 기술 발전

을 넘어서 인간 존재 방식의 패러다임 전환점이다. 즉 인간은 생물학적 두뇌에 더해 비생물학적 두뇌를 병렬적으로 운용하는 존재가 된다. 따라서 인간 존재는 호모 사피엔스에서 하이브리드 지능체로 진화하게 된다.

커즈와일도 인간의 뇌와 AI가 연결되는 것을 진화의 패러다임이 바뀌는 순간으로 인식한다. 그는 "강력한 AI의 도래는 이번 세기가 보게 될 가장 중요한 변화다. 실로 이것은 중요성에서 생물학 그 자체의 도래와 비견될 만하다. 생물학으로 창조된 것들이 마침내 자기 자신의 지능을 장악하고 그 한계를 뛰어넘는 방법까지 알아내게 되었다는 뜻이다"라고 말한다(Kurzweil, 2006: 325). 컴퓨터를 인간의 뇌에 이식하는 기술은 자연스러운 진화의 과정 중 하나가 될 것이다. 인간의 정체성과 의식이 변화하면서 인간 존재의 본질이 바뀌게 된다.

2025년 놀런드 아르보(Noland Arbaugh)는 뉴럴링크의 컴퓨터 칩을 뇌에 이식받은 첫 번째 인간이 되었다. 그는 이제 생각만으로 체스를 두고 게임을 즐긴다. 손가락은 움직이지 않고 음성도 사용하지 않는다. 신경계는 무선으로 컴퓨터와 연결되어 뇌의 신호가 곧장 디지털 명령으로 해석되고 전달된다. BBC의 보도에 따르면, 그는 '삶을 되찾았다'라고 말한다(동아사이언스, 2025).

아르보의 사례는 인류가 포스트휴먼의 문턱에 서 있음을 명확하게 보여 준다. 이식형 뉴럴 인터페이스는 인간의 인지 구조를 외부 시스템과 통합하는 하이브리드 지능의 서막을 열었다. 이식된 칩을 통해 뇌의 명령이 기계로 직접 흐르면서 인간의 정체성은 더 이상 뇌와 신체에만 국한되지 않고 이식된 칩과 연결된 시스템 전체를 포함하게 된다. 이처럼 아르보의 사례는 인간과 기계가 결합해 새로운 형태의 존재가 탄생하는 거대한 패러다임 전환의 신호탄이라 할 수 있다.

지금까지 살펴본 바와 같이 커즈와일은 뉴럴링크와 같은 기술을 단순한 치료 차원이 아니라, 인간의 인지 능력과 기억력을 증진하는 도약의 발판으로 본다. 기술의 도움으로 인간의 능력을 향상한다는 관점을 지닌 점에서 커즈와일은 호모 데우스를 주장하는 하라리(Yuval Noah Harari)와 일맥상통한다. 하라리는 인간이 기술을 통해 그리스 신화에 나오는 신들처럼 특정한 초능력을 지닌 존재로 진화할 수 있다고 보면서 동시에 이것이 인간의 주체성과 자율성을 침식할 수 있다고 경고한다. 한편 커즈와일은 뉴럴링크와 같은 기술이 인간의 능력을 증진한다고 보는, 보다 낙관적인 시선을 노출한다. 커즈와일의 관점에서 볼 때 뉴럴링크는 진화의 과정에서 일어난 한 중요한 사건이다. 뇌에 삽입된 칩으로 인해 감각의 주체가 흐려지고, 사고의 패턴이 변형되며, '나'라는 존재는 뇌와 신체를 넘어서 칩과 연결된 외부 시스템 전체로 확장되기 때문이다. 인간은 여전히 인간이라 불릴 수 있을까? 커즈와일의 메시지는 분명하다. 기술은 새로운 패러다임의 문턱에서 인간을 재구성하는 중이다.

참고문헌

동아사이언스(2025.3.24). "'뉴럴링크 칩' 뇌 이식 후 1년… '게임 실력 늘었다'". https://m.dongascience.com/news.php?idx=70728

Kurzweil, R.(2006). *The singularity is near: When humans transcend biology*. Penguin Books. 김명남·장시형 옮김(2007). 《특이점이 온다: 기술이 인간을 초월하는 순간》. 김영사.

05
《1984》: 초감시

오웰의 《1984》는 초감시 사회와 권력의 본질을 집요하게 파헤친다. 빅 브라더와 텔레스크린이 상징하는 감시 체계는 현대 사회의 CCTV, 스마트폰, 온라인 추적 기술과 맞물려 놀라운 현실성을 띤다. AI 시대에 정보와 권력이 결합할 때, 개인의 자유는 어떻게 위협받는가? 《1984》를 통해 기술 발전의 이면에 도사린 전체주의적 위험을 성찰한다.

AI 콘텐츠 크리에이터?

1492 콜럼버스

아메리카 대륙을 최초로 발견한 콜럼버스는 인생의 후반부에 이르러 귀족들에 의해 처형을 당한다. 이상주의적 성격을 지닌 콜럼버스가 자신이 발견한 대륙에 제국을 건설하고 자신이 왕이 되게 해 달라는 무리한 대가를 요구했기 때문이다. 그러므로 콜럼버스는 위대한 탐험가로서 열정적인 인생을 살았지만, 결국 신대륙에 대한 지나친 집착과 이상주의적 성격이 그와 귀족들 사이에 충돌을 일으켜서 죽음을 맞이하게 된다.

영화 〈1492 콜럼버스〉(1992)는 콜럼버스의 최후의 장면을 다음과 같이 묘사한다. 콜럼버스의 처형을 결정하는 재판이 끝난 후에 한 귀족이 그에게 힐난의 어조로 말한다.

> "너는 몽상가다."
> (그러자 콜럼버스가) "밖을 보십시오. 당신은 지금 창밖에 무엇이 보입니까?"(라고 묻는다.)
> "창밖에 탑과 궁전, 그리고 교회들의 첨탑, 문명, 하늘을 찌르는 종탑이 보이는군."
> (그러자 콜럼버스가 대답한다.) "저것들은 모두 나와 같은 몽상가들이 만든 것입니다."

"You are a dreamer."

"Look out there. What do you see"

"I see towers. I see palaces. I see steeples. I see civilization. I see spires that reach to the sky."

"All created by people like me."

콜럼버스의 말대로 인류의 발전이라는 것은 그와 같이 꿈꾸는 자들에 의해 이루어져 왔는지도 모른다. 꿈꾸는 자들은 늘 현실의 벽 너머에 있는 것을 본다. 그리고 이와 같이 꿈꾸는 것이 굉장한 원동력으로 작용해서 발전을 가져올 때가 많다. 콜럼버스의 말대로 몽상가들은 새로운 양식의 건축물과 이전에 없던 물건을 꿈꾸었고 현실은 그들이 꿈꾼 것을 따라갔다. 예전의 문학은 우주선, 잠수함, 달 여행, 휴대폰, 드론 등 많은 것을 꿈꾸었고 그들의 꿈은 대부분 현실이 되었다.

문학적 상상력이 현실이 된 사례들을 떠올려 볼 때 AI와 관련해 기존의 문학이 어떤 꿈을 꾸었는지를 살펴보는 일은 매우 의미 있다. AI는 어느 날 갑자기 현실에 나타난 것이 아니라 오랫동안 문학 속에서 그 가능성과 위험성, 그리고 인간과의 관계가 탐구되어 온 것이다. 그러므로 AI에 대해 문학이 품었던 상상력을 꺼내 보는 것은 오늘날 AI의 도전 속에서 인간이 어떤 방향으로 가야 하는지를 성찰하는 데에 중요한 통찰을 제공해 줄 것이다.

오웰의 경고

《동물농장(Animal Farm)》과 《1984》라는 불후의 명작을 남긴 오웰(George Orwell)은 두 번의 세계대전을 겪으면서 무솔리니(Benito Mussolini), 히틀러(Adolf Hitler), 스탈린(Joseph Stalin)으로 대표되는 전체주의의 악몽을 경험했다. 이렇게 볼 때 그의 작품들은 세계대전의 시대적 산물이라고 할 수 있다. 하지만 그의 작품들은 그 시대에 국한되지 않는다.

오웰은 "전체주의라는 말이 언급될 때 사람들은 즉시 독일, 러시아, 이탈리아를 생각하지만, 이 현상이 세계적으로 퍼질 수 있다는 위험을 직시해야만 한다고 나는 생각한다"라고 말함으로써 전체주의는 언제, 어디서나 재현될 수 있음을 강조한다(Orwell, 1968: 135). 같은 맥락에서 패트릭 라일리(Patrick Reilly)는 《1984》가 우리 세계의 "동양과 서양, 좌파와 우파, 이렇게 네 세계에서 최악의 요소들만을 추려 내, 가능한 운명을 무시무시한 시나리오, 즉 괴물 같은 콜라주로 융합한 복합적인 악몽이다"라고 지적한다(Reilly, 1989: 7).

오웰이 경고하는 것처럼 전체주의는 특정 국가나 이념에만 국한된 현상이 아니라 어느 시대, 어느 사회에서도 나타날 수 있는 보편적인 위협이다. 전체주의의 보편성은 작품의 제목에서도 드러난다. 《1984》의 표제이자 작품의 시대적 배경인 1984년 역시 오웰이 작품을 탈고한 1948년을 뒤집은 숫자에 불과한 것으로서 불특정한 미래를 지시한다.

디지털 시대의 자발적 감시

《1984》는 빅 브라더(Big Brother)의 묘사로 시작된다. 주인공 윈스턴(Winston)이 사는 오세아니아(Oceania)에서는 어디를 가나 벽에 커다란 포스터가 붙어 있다. 높은 빌딩의 외벽에도, 아파트 복도에도, 엘리베이터 앞에도 포스터가 붙어 있다. 포스터에는 중년의 잘생긴 남자 얼굴이 그려져 있다. 이 남자의 눈은 사람이 움직이는 대로 눈동자가 따라 움직이도록 고안되었다. 포스터 아래에는 '빅 브라더가 당신을 지켜보고 있다'라는 글이 적혀 있다(Orwell, 1987: 3).

알고 보면 빅 브라더는 실체가 없는 가공의 인물이다. 그러나 이 사실을 모르는 사람들은 온 사방에 붙어 있는 포스터를 보고 세뇌당한다. 사람들은 자신이 언제나 누군가에게 감시당하고 있다는 착각이 아닌 확신 속에 살아간다. 이런 의미에서 빅 브라더는 어느 곳에도 없지만 모든 사람의 무의식에 절대적인 권위로 자리 잡은 그는 '어느 곳에나 있다'고 할 수 있다. 빅 브라더는 오세아니아가 전체주의 초감시 사회라는 점을 상징적으로 보여준다.

1984년 무렵, 세계는 오세아니아, 이스트아시아(Eastasia), 유라시아(Eurasia), 세 개의 초강대국(superstate)으로 분할되어 있다. 남북아메리카와 영국이 속해 있으며 소설의 무대인 오세아니아는 1950년 이전의 어느 시점에 혁명이 일어나서 자본가 집단이 몰락하고 영사(영국 사회주의, Ingsoc)를 지배 이데올로기로 삼게 되었다.

오세아니아는 크게 당원과 프롤(the Proles), 두 계급으로 구성되어 있다. 당원은 국가의 통치 기구인 당의 구성원으로서 그 지위에 따라 위로부터 내부 당원(Inner Party members)과 외부 당원(Outer Party members)으로 나뉜다. 당의 상위층을 차지하면서 전체 인구의 2퍼센트밖에 되지 않는 내부 당원이 나머지 98퍼센트를 지배한다. 이것이 가능한 이유는 이들이 국가권력을 장악

했기 때문이다. 내부 당원은 정보를 독점하고 국가의 정책을 수립하는 등 브레인 역할을 담당하고 외부 당원은 지식층이지만 내부 당원에 의해 수족처럼 부림을 당한다. 내부 당원은 권력을 공유하지 않기 위해서 외부 당원을 감시하고 통제함으로써 이들이 견제 세력으로 크지 못하게 막는다. 감시 체계의 중심에는 텔레스크린(telescreen)이라는 기계가 있다.

텔레스크린은 사무실과 거리 곳곳만 아니라 집 안에도 설치되어 있고 수신과 송신을 동시에 행한다. 이 기계는 아주 작은 속삭임 이상만 된다면 윈스턴이 내는 어떤 소리라도 포착을 한다. 더욱이 그가 이 금속판의 감시 범위 내에 머물러 있는 한 그는 다 보이고 들린다(Orwell, 1987: 5). 이뿐만 아니라 텔레스크린은 사람들의 순간적인 표정의 변화, 사적인 눈빛, 그리고 근육의 미세한 떨림까지 감지해서 그들이 마음속으로 무엇을 생각하고 있는지를 추측하려 하는 첨단 기술 장치다.

텔레스크린과 같은 감시 체계는 허구의 이야기만은 아니다. 현대 사회에서는 수많은 CCTV와 스마트폰 카메라, 차량용 블랙박스, 스마트TV, 음성 비서, 온라인 검색기록, 위치 정보 수집 기술들이 끊임없이 사람들의 흔적을 추적한다. 오웰의 《1984》에 사람들을 감시하던 거대한 하나의 텔레스크린이 있었다면, 이제는 파편화된 작은 텔레스크린들이 어디에나 존재한다. 스마트폰은 사람들이 걷는 길을 기록하고, 웹사이트는 사람들의 취향을 추적하며, 광고는 사람들이 장바구니에 담는 제품을 따라다닌다. 오웰이 구현한 것과 다르게 이제 사람들은 자발적으로 디지털 감시 속으로 들어간다.

초감시 사회와 권력

AI의 발달로 감시의 눈은 더욱 똑똑해지고 있다. 2017년 10일 개최된 개발자 컨퍼런스 '빌드(Build)'에서 마이크로소프트사는 작업 현장을 감시하고 위험 요소를 사전에 탐지하는 AI 기술을 공개했다. 이 기술은 화면 속 환경을 실시간으로 분석해서 필요시 경고 메시지를 전송했다. 이런 기능은 AI가 작업 공간의 다양한 요소들을 스스로 학습하고 인식할 수 있었기 때문에 구현할 수 있었다. 사물 인식 기능을 갖춘 AI가 현장의 CCTV와 연결되어 이를 통해 모든 공구의 상태와 위치, 작업자들의 동작 등을 실시간으로 분석했다. 따라서 시스템은 등록되지 않은 사람이 위험 장비에 접근하는 상황이나, 적절히 관리되지 않는 기계로 인해 안전사고가 발생할 수 있는 조짐, 심지어 막 사용된 전기톱이 여전히 뜨겁다는 사실까지 파악해 관리자에게 즉시 알렸다(동아사이언스, 2017).

여기서 중요한 점은 기술의 발전 자체보다 그 기술을 누가 어떻게 사용하는가의 문제다. 마이크로소프트사의 경우와 같이 감시의 순기능도 있지만 그 이면의 사생활 침해와 통제의 우려도 적지 않은 것이 사실이다. 한 예로 영국에서는 아침에 집을 나서 저녁에 귀가할 때까지 자신도 모르게 수천 번 카메라에 얼굴이 찍힌다는 말이 있다. 현재 영국에는 400만 대가 넘는 CCTV가 설치되어 있으며 이는 세계에서 가장 많은 수준이다. 영국의 감시 시스템은 런던에서 지방으로 내려갈수록 논란의 여지가 더욱 커지고 있다. 일부 지방정부는 자녀를 더 좋은 학교에 보내려고 주소지를 친구 집으로 옮긴 부모를 적발하기 위해 조사원을 고용하고 CCTV까지 동원했다. 또 어떤 지방정부는 애완동물의 배설물 문제를 단속하기 위해, 또는 쓰레기통을 잘못 배출한 주민을 확인하기 위해 거리 곳곳에 감시 카메라를 설치했다. 더욱이 전화나 이메일 기록 조회를 포함한 감시 권한이 800곳이 넘는 공공기관에 부여되어 있는 현재, 영국에서는 사생활 침해 우려가 점점 커지고 있다(한겨레, 2009).

위에서 서술한 바와 같이 현대인들은 매 순간 디지털

흔적을 남기고 있으며 사람들의 정보는 클라우드 시스템에 의해 거대 기업이나 국가기관에 의해 저장된다. 정보가 한군데로 모인다는 것은 누군가 마음만 먹으면 저수지처럼 모인 정보를 개인의 뜻대로 사용할 수 있다는 것이다. 정보의 집중은 곧 권력의 집중을 의미하기 때문이다. 따라서 권력을 지닌 누군가 마음을 나쁘게 먹고 축적된 정보를 자신이 원하는 대로 사용한다면 사람들은 자신도 모르는 사이에 감시당하고 통제당하는 존재로 전락할 것이다. 이 주제와 관련해서 《1984》는 경각심을 일깨운다.

작품에서 오세아니아의 사람들은 당에 의해 행동을 감시당하고 통제당한다. 여기서 더 나아가 이들은 정신까지 지배당한다. 기계적으로 사고하는 사람들 속에서 윈스턴은 홀로 고뇌하는 인간으로 살아간다. 윈스턴은 이성적으로 사고하려고 노력하고 자신의 생각을 일기로 남기면서 주위로부터 독립적인 정신 상태를 유지하며 생활한다.

어느 날 윈스턴은 줄리아(Julia)와 사랑에 빠진다. 줄리아는 윈스턴과 마찬가지로 진리부(Ministry of Truth)에서 근무하는 외부 당원이다. 망망대해를 떠도는 작은 배 같은 윈스턴의 마음에 줄리아가 먼저 다가온다. 기적

같은 희망이 다가와서 윈스턴은 기뻐한다. 윈스턴과 줄리아는 당의 눈을 피해 교외에서 밀회를 즐긴다. 그녀와 함께 있을 때 윈스턴은 황금빛 시골의 행복과 따스함을 느낀다. 두 사람은 인간다운 삶을 꿈꾼다.

윈스턴과 줄리아는 프롤들이 사는 동네에 은신처를 마련한다. 둘만의 보금자리에서 이들은 사랑을 나누기도 하고 다른 혁명 세력과 규합하려는 논의를 하기도 한다. 그러나 결국 이들은 사상경찰에게 체포당한다. 윈스턴과 줄리아가 마련한 은신처에는 이미 도청 장치가 설치되어 있었으며 이들의 밀회는 당이 허용한 환상일 뿐이었던 것이다. 이들은 모든 사상범들이 끌려가는 애정부(Ministry of Love)로 끌려간다. 애정부에서 윈스턴과 줄리아는 말로 형용할 수 없이 잔인한 고문을 받는다.

고문실에서 윈스턴이 거의 실신 상태에 놓여 있을 때 그의 앞에 오브라이언(O'Brien)이 나타나고 그의 실체가 밝혀진다. 내부 당원으로서 당의 수뇌부에 속하는 오브라이언은 지금까지 윈스턴 앞에서 자신이 형제단, 즉 반체제 세력의 일원인 척 행동해 왔다. 오브라이언은 윈스턴에게 마치 다른 세계가 존재하는 것처럼, 마치 형제단이 있는 것처럼 말했다. "골드스타인이 어딘가에 있대요. 형제단이라는 게 있대요." 오브라이언은 이런 식으로 정보를 흘림으로써 체제에 대해 불만을 느끼고 있던 윈스턴에게 덫을 놓았던 것이다. 골드스타인은 이미 살아 있지도 않았고 형제단이라는 건 없었다.

오브라이언은 윈스턴에게 당이 왜 이렇게까지 하는지를 아느냐고 묻는다. "당신들은 우리 자신의 이익을 위해서 우리를 지배하고 있습니다." 윈스턴은 힘없이 말했다. … (그러자 오브라이언은 다그친다.) "어리석은 대답이야, 윈스턴, 어리석다고! 자네는 그보다 더 잘 알고 있어야 해!"(Orwell, 1987: 301).

오브라이언은 윈스턴에게 "우리는 권력을 모시는 성직자네. … 신은 곧 권력이지"라고 말한다(Orwell, 1987: 303). 일반적으로 권력은 '내 뜻을 따르도록 다른 사람을 움직이는 힘'을 의미한다. 이런 맥락에서 필립스 W. 시블리(Philips W. Shively)는 권력을 '한 사람 또는 집단이 무슨 짓을 해서든지 다른 사람 또는 집단으로 하여금 자신이 바라는 것을 하도록 하는 능력'으로 정의한다(Shively, 1986: 5). 이렇게 볼 때 권력은 폭력적인 동시에 수단적 성격을 지닌다. 오브라이언의 말은 내부 당원들이 권력에 지나치게 집착한 나머지 권력을 수단이 아닌 목적 그 자체로서 숭배의 대상으로 섬기고 있음을 보여 준다.

권력이 숭배의 대상이므로 내부 당원들은 권력을 위해

모든 것을 희생한다. 오브라이언은 "우리는 부모와 자식, 사람과 사람, 남자와 여자 간의 유대를 끊어 버렸지. … (앞으로는) 성 본능도 뿌리가 뽑힐 테고, 출산은 배급 카드를 갱신하듯 연례적인 공식 행위가 될 것이네. 우리는 오르가즘도 폐지시킬 거야. 신경학자들이 이미 그 작업에 착수했지"라고 말한다(Orwell, 1987: 306). 내부 당원들은 권력에 사로잡혀 비이성적 상태에 놓여 있다.

고문실에서의 대화 장면은, 인간에게는 어떠한 욕망도 이기지 못하는 무시무시한 권력욕이 내재한다는 사실을 보여 준다. 오브라이언은 당이 사람들을 끊임없이 감시하는 초감시 사회와 개인의 자유를 철저히 억압하는 전체주의를 구현하는 이유가 단 하나, 권력 그 자체를 위해서라고 말한다. 당이 원하는 것은 순수한 권력과 그 권력의 영속적인 재생산이라는 것이다.

이와 같이《1984》의 관점에서 볼 때 다가오는 AI 시대는 마냥 핑크빛인 것은 아니다. 기술의 발전과 정보의 집중이 권력과 결합할 때 얼마나 위험한 사회가 도래할 수 있는지를 이 작품은 보여 준다. 전체주의의 위협은 과거의 유령이 아니다. 초감시 사회도 미래의 공상이 아니다. 비판도 성찰도 없는 AI의 발전은 전체주의와 초감시 사회를 현실적 위험으로 불러올 것이다. 편리함이라는 미명하에 사람들의 일상은 조용히 감시되고 통제될 것이다. 《1984》는 경고의 알람을 울린다. 기술은 중립적이지만 그것을 누가, 어떻게 사용하느냐에 따라 인간을 자유롭게 할 수도, 완벽히 속박할 수도 있다고.

참고문헌

동아사이언스(2017.5.11). "MS, '인텔리전트 클라우드로 진화'". https://m.dongascience.com/news.php?idx=18040

한겨레(2009.4.19). "CCTV 천국 영국 '해도 너무하네'". https://www.hani.co.kr/arti/international/europe/350481

프롬, E.(1984). "《1984》와 부정적 유토피아 소설". 《오웰과 1984년》, 140~155쪽. 문학과 지성사.

Arendt, H.(1979). *The origins of totalitarianism.* Harcourt Brace Jovanovich Publishers.

Orwell, G.(1968). *The collected essays, journalism and letters of George Orwell Ⅱ*. In Orwell, S. & Orwell, I. A.(eds.). Harcourt, Brace & World, Inc.

Orwell, G.(1987). *Nineteen eighty-four.* Penguin Books.

Reilly, P.(1989). *Nineteen eighty-four: past, present, and future.* Twayne Publishers.

Scott, R.(1992). 〈1492 콜럼버스(1492: Conquest Of Paradise)〉.

Shively, W. P.(1986). *Power and choice.* McGraw-Hill.

Smyer, R. I.(1979). *Primal dream and primal crime: Orwell's development as a psychological novelist.* University of Missouri Press.

06
"마이너리티 리포트": 소멸하는 주체

〈마이너리티 리포트〉는 기술이 인간의 주체성을 어떻게 침식하는지 예리하게 해부한다. 범죄를 사전에 예측하는 첨단 시스템 속에서 예지자는 기계의 부속품처럼 존재하고, 인간은 스스로 구축한 장치에 의해 객체로 전락한다. 빅데이터 시대의 상관성 중심 사고, GPT와 같은 AI의 패턴 분석 방식은 작품 속 예지 시스템과 닮아 있다. 앤더튼이 머조리티 리포트와 마이너리티 리포트 사이에서 내리는 선택을 통해, 기술이 지배하는 미래 사회에서 주체가 어떻게 소멸하고 어떻게 미약하게나마 모습을 드러낼 수 있는지 탐구한다.

AI와 민주주의?

기계의 일부가 된 인간

스티븐 스필버그(Steven Spielberg) 감독의 영화 〈마이너리티 리포트(The Minority Report)〉로 잘 알려진 소설가 딕(Philip K. Dick)은 작품 전반에 걸쳐서 기술이 어떻게 인간의 주체성을 침식하는지를 날카롭게 파헤친다. 대표적으로 《필립 K. 딕의 단편소설 모음집 제4권(The Collected Stories of Philip K. Dick Volume Four)》에 수록된 〈마이너리티 리포트〉는 인간이 자신이 구축한 시스템에 의해 객체로 전락할 수 있음을 보여 준다.

주인공 앤더튼(Anderton)은 사전범죄수사국(Precrime Agency)의 책임자다. 사전범죄수사국은 범죄가 발생하기 전에 그것을 예측하고 선제적으로 범인을 체포하는 첨단 예지 시스템을 갖추고 있다.

첨단 예지 시스템 덕분에 이 사회의 범죄율은 거의 제로에 가깝다. 이 시스템의 설계자이자 기관의 책임자인 앤더튼은 누구보다도 이 시스템을 신뢰하며 이 시스템에 대해 자부심을 느끼고 있다. 그는 "나는 자랑스러워. 30년 전에 내가 이 이론을 만들어 냈으니까"라고 자신의 후임 예정자인 위트워(Witwer)에게 말한다(Dick, 1987: 74).

사실 범죄를 예견하는 첨단 예지 시스템은 세 명의 예

지자에게 의존한다. 이들은 "기형인데다 저능아(로서) … 뇌의 초감각 영역이 전두엽의 균형을 오그라들게 만든다"라고 설명된다(Dick, 1987: 73). 백치 예지자들은 하루 종일 말한다. 하지만 이들은 자신들이 말하는 말의 내용을 이해하지 못한다.

원숭이 구역이라고 불리는 실험실 안에 갇혀 있는 예지자들은 다음과 같이 묘사된다.

> 그리고 기계들 너머에는 세 명의 예지자들이 앉아 있었는데, 미로처럼 얽힌 전선에 가려져 거의 보이지 않았다.
>
> …
>
> 어둠에 반쯤 잠긴 어두컴컴한 방 안에 세 명의 백치가 웅얼거리며 앉아 있었다. 그들이 내뱉는 모든 불분명한 말, 모든 무작위적인 음절은 분석되고, 비교되고, 시각적 기호 형태로 재구성되고, 일반 천공 카드에 기록된 후, 다양한 형식으로 암호화되어 배출되었다. 백치들은 등받이가 높은 특수 의자에 갇혀 꼼짝도 하지 못하고, 금속 밴드와 전선 뭉치, 죔쇠로 빳빳하게 자세가 고정된 채로, 하루 종일 웅얼거렸다. 그들의 육체적 욕구는 자동적으로 처리되었다. 그들에게 영적인 욕구는 없었다. 마치 식물처럼, 그들은 중얼거리고 졸면서 존재했다. 그들의 정신은 둔하고 혼란스러웠으며, 어

둠 속에서 길을 잃었다(Dick, 1987: 73).

> And beyond the machinery sat the three precogs, almost lost to view in the maze of wiring.
>
> ...
>
> In the gloomy half-darkness the three idiots sat babbling. Every incoherent utterance, every random syllable, was analyzed, compared, reassembled in the form of visual symbols, transcribed on conventional punchcards, and ejected into various coded slots. All day long the idiots babbled, imprisoned in their special high-backed chairs, held in one rigid position by metal bands, and bundles of wiring, clamps. Their physical needs were taken care of automatically. They had no spiritual needs, Vegetable-like, they muttered and dozed and existed. Their minds were dull, confused, lost in shadows.

기계들에 파묻혀 모습을 거의 알아보기 힘든 예지자들의 묘사는, 기계가 인간의 일부가 아니라 인간이 기계의 일부가 되어 버린 참상을 상징적으로 드러낸다.

앞에서 서술한 뉴럴링크의 첫 번째 사례 아르보는 인

간과 기계가 결합한 첫 단추라고 할 수 있다. 이 첫 단추가 갖는 가장 중요한 의미는, 기계가 마침내 인간의 생각을 직접 읽을 수 있는 단계에 도달했다는 것이다. 지금까지는 마우스와 키보드를 사용해서 인간이 기계와 소통했다면, 아르보를 계기로 인간의 뇌에다 칩을 심어서 뇌신경이 직접 기계와 연결된 것이다. 기계가 시스템을 통해서 인간의 생각을 인식할 수 있게 되었다는 것이다. 이것은 인간과 기계의 경계가 흐려졌음을 의미한다. 〈마이너리티 리포트〉는 뉴럴링크가 어느새 기계와 인간이 합쳐진 단계에 이르러서, 기계와 합쳐진 인간, 어쩌면 기계의 일부가 되어 버린 인간이 지배하는 미래 사회를 보여준다.

다수에 가려진 진실

빅토르 마이어 쇤버거(Viktor Mayer-Schönberger)와 케네스 쿠키어(Kenneth Cukier)는 "빅데이터 시대는 우리가 사는 방식, 세상과 소통하는 방식에 도전한다. 그중에서도 가장 두드러진 부분은 사회가 인과성(causality)에 대한 그동안의 집착을 일부 포기하고 단순한 상관성(correlation)에 만족해야 할 것이라는 점이다"라고 지적한다(쇤버거 & 쿠키어, 2013: 19). 최근 많이 주목 받는 지피티, 제미나이, 그록 등의 AI는 방대한 양의 데이터를 빠르게 축적하면서 그 수많은 데이터 중에서, A라는 현상이 일어날 때 B라는 현상이 뒤따른다는 패턴을 분석해서 그것을 의사 결정의 기반으로 사용한다는 공통된 작동 원리를 지닌다. 쇤버거와 쿠키어는 세상을 이해하는 방식도 이에 따라 어떤 요인이 원인이 되었는지를 반드시 찾아내려는 인과성 중심에서 굳이 원인을 모르더라도 상관관계만으로 예측이나 판단이 가능하다는 상관성 중심으로 변화하고 있다고 설명한다.

〈마이너리티 리포트〉에서 예지자들은 자신들이 웅얼거리는 말의 의미를 이해하지 못한다. 이들은 외부 장치에 연결되어 의식 없이 데이터를 생성하고, 이들이 생성한 데이터는 전문적인 장치와 시스템에 의해 수집되고 해석되어 범죄를 예측하는 정보로 가공된다. 중요한 것은, 이 과정에서 예지자들이 미래에 일어날 사건의 원인을 설명할 능력을 전혀 갖지 않은 채, 그들의 데이터에서 미래에 어떤 일이 일어날 것이라는 상관성 있는 패턴이 포착된다는 점이다. 이것은 상관성 중심의 관점이 미래 사회의 지배적 원리가 되어 인간의 유추와 판단을 대체해 버리는 모습을 묘사한다.

어느 날 앤더튼에게 날벼락 같은 일이 일어난다. 앤더

튼 자신이 살인범으로 기록된 첨단 예지 시스템의 보고서가 출력된 것이다. 앤더튼이 살인을 저지를 인물로 지목되면서 그의 신분은 하루아침에 수사 책임자에서 수사 대상으로 뒤바뀌어 버린다.

믿을 수 없는 결과로 혼란에 빠진 앤더튼은 곧 자신이 음모에 휘말렸음을 직감한다. 그리고 진실을 밝히기 위한 시간을 벌기 위해 도주를 시작한다. 앤더튼의 도피는 그를 과거의 동료, 조직, 그리고 자신이 창조한 시스템과 맞서는 길로 이끈다.

그는 자신이 살인을 저지를 것이라는 머조리티(majority) 리포트(다수 보고서)와 살인을 저지르지 않을 것이라는 마이너리티 리포트(소수 보고서)가 존재한다는 사실을 알게 된다. 희망을 걸 수 있는 것은 오직 마이너리티 리포트뿐이다. 그는 그 가능성을 확인하기 위해 예지자들의 메시지 조사에 착수한다.

앤더튼은 예지자들이 출력한 세 개의 예언이 서로 다른 미래를 가리키고 있음을 깨닫고 충격을 받는다. 머조리티 리포트는 존재하지 않았으며 애초부터 단 세 개의 마이너리티 리포트만 있었던 것이다. 사람들이 머조리티 리포트라고 믿었던 것은 사실 '소수 의견이 연속적인 영향을 준 결과물'에 불과했을 뿐이다(우미성, 2002:

134).

앤더튼은 세 개의 마이너리티 리포트 중 한 개가 자신이 범죄를 피한다는 내용을 담고 있다는 사실을 확인한다. 그는 이 가능성을 믿고 살인을 저지르지 않을 수 있다. 하지만 그는 자신이 살인을 저질러야만 자신이 구축한 시스템이 붕괴되지 않고 유지될 수 있다는 불편한 진실에 직면한다.

결국 앤더튼은 그가 처한 이중적 상황에서 극단적인 선택을 내린다. 그는 시스템을 지키고자 첨단 예지 시스템의 보고서에 따라 살인을 저지르고 마는 것이다. 자신이 살인하지 않으면 지금껏 예지에 따라 수많은 사람들을 체포하고 처벌해 온 시스템이 허위였음을 드러내는 셈이 되고, 그 결과 사회는 혼돈의 소용돌이로 빠져들게 될 것이기 때문이다. 살인을 저지른 앤더튼은 지구 밖 식민지로 유배당한다. 그러나 그가 남긴 흔적은 분명하다. 앤더튼은 다수의 의견에 묻혀 폐기된 소수의 가능성을 세상 밖으로 드러내고, 그중 하나를 주체적으로 선택한 존재가 된다.

참고문헌

동아사이언스(2025.3.24). "'뉴럴링크 칩' 뇌 이식 후 1년… '게임 실력 늘었다'".
https://m.dongascience.com/news.php?idx=70728
쇤버거, V, M. & 쿠키어, K.(2013). 《빅 데이터가 만드는 세상: 데이터는 알고 있다》. 이지연 옮김(2013). 21세기북스.
우미성(2002). "〈마이너리티 리포트〉, 필립 K. 딕의 미국 문화 비판". 《문학과 영상》, 3(2), 113~141쪽.
Dick, P. K.(1987). The minority report. *The minority report and other classic stories by Philip K. Dick*, pp.71~102. Citadel Press.

07
“바이어리-대도시 시장이 된 로봇”: 도덕과 기계

아시모프의 단편소설 〈바이어리—대도시 시장이 된 로봇〉은 인간과 로봇의 경계를 허무는 도발적인 상상력을 보여 준다. 양전자 뇌와 로봇공학의 3원칙이 구현된 로봇 바이어리는, 장애로 인해 사회에서 물러난 인간 바이어리를 대신해 법조인과 정치인으로서 활약한다. 그의 정체를 둘러싼 의혹과 조사, 그리고 로봇이 인간보다 더 도덕적일 수 있는지에 대한 논쟁은 기술이 주도하는 미래 사회의 윤리와 정치 구조를 깊이 성찰하게 만든다.

AI와 애니메이션?

아시모프의 양전자 뇌와 로봇공학의 3원칙

양전자(positron)와 로봇공학(Robotics)이라는 용어는 아시모프(Isaac Asimov)가 창조한 용어로서 옥스퍼드 영어 사전(Oxford English Dictionary)에 등재되어 있을 정도로 유명하다. 양전자는 아시모프의 작품들에서 '양전자 뇌'라는 표현으로 자주 사용되는데, 양전자 뇌라는 것은 모든 상황을 이해해서 판단하고 처리하는 수천억 개의 물질과 양전자로 구성된 기계를 일컫는다. 양전자 뇌는 오늘날의 AI와 밀접하게 연결될 수 있어서 AI의 원형이자 문학적 상상력이라고 할 수 있다.

로봇공학은 로봇 설계, 구조, 제어, 지능 및 작동을 연구하는 공학 분야다. 로봇의 설계에는 기계공학, 전기전자 공학, 컴퓨터 공학 등의 기술이 융합되어 활용된다. 또한 로봇공학에는 생물의 뛰어난 기능을 인공적으로 구현하고 활용하는 등 다양한 공학 분야가 융합되어 있다. 단 아시모프가 사용한 로봇공학은 학문의 한 분야라기보다는 로봇 사용 시 안전성을 보장하는 장치의 의미로 쓰이고 있다. 그가 고안해 낸 '로봇공학의 3원칙'은 로봇의 진화 속도가 가파른 오늘날, 그 중요성과 함께 로봇 시민권, 로봇 윤리 등의 문제를 파생하며 로봇 담론의 중심이 되고 있다(임선애, 2021: 415).

《아이, 로봇》은 아시모프가 1940년에서 1950년까지 양전자와 로봇공학에 대해 쓴 단편소설들을 모아 놓은 단편소설집으로서 9편으로 구성되어 있다. 작품에 등장하는 로봇들은 양전자 뇌를 지니고 있어서 인간의 외형을 띠며 인간처럼 생각하기 때문에 사람들이 로봇인지 인간인지 구분하지 못할 정도로 정교하게 인간을 닮아 있다. 또한 각각의 소설은 아시모프가 고안해 낸 로봇공학의 3원칙, 즉 로봇은 인간에게 해를 끼쳐서는 안 된다, 첫 번째 원칙과 충돌되지 않는 한 로봇은 인간의 명령에 복종해야 한다, 그리고 첫 번째 원칙과 두 번째 원칙을 위반하지 않는 한 로봇은 스스로를 보호해야 한다를 중심으로 이야기가 전개된다. 이야기들은 대체로 캘빈이라는 저명한 로봇 심리학 박사가 신문기자와의 인터뷰에서 자신이 경험했던 로봇들에 대해 이야기를 하는 방식으로 전개된다.

로봇인가 인간인가

〈바이어리－대도시 시장이 된 로봇(Evidence)〉에서 스티븐 바이어리(Stephen Byerley)는 원래 인간으로서 법률가이자 생물 심리학 전문가다. 어느 날 한순간의 교통사고로 바이어리는 삶을 송두리째 잃는다. 사고를 당한

그는 두 다리를 잃고, 얼굴도 잃고, 목소리도 잃었다. 그의 마음 한구석은 무너져 내렸다. 그는 성형수술을 거부했다(Asimov, 1977: 195). 바이어리는 심각한 장애인이 되어 더 이상 정상적인 생활을 할 수 없게 된다.

바이어리는 갑작스러운 불행 앞에서 깊은 절망에 빠진다. 그러나 그는 불운을 좌절로 끝내지 않는다. 인간의 몸은 부서졌어도 그의 정신은 꺾이지 않았다. 바이어리는 자신의 지식을 총동원해서 자신을 대신할 분신을 만든다. 그 결과 놀랍도록 정교한 한 로봇이 탄생한다. 이 로봇의 이름 또한 바이어리다. 인간 바이어리는 장애인에 대한 세상의 차별적인 시선 속에서 숨듯이 살고 그 대신 로봇 바이어리가 세상으로 나가 그의 역할을 대신한다.

로봇 바이어리는 세상 사람들에게 자신이 로봇이라는 사실을 철저히 숨긴다. 로봇이 사회의 주도권을 가지는 것에 대해 치욕스럽게 여기는 많은 사람들의 태도를 고려한 것이다. 로봇 바이어리는 자신이 로봇이라는 사실을 숨긴 채 인간 바이어리를 대신해 사회 활동을 한다. 바이어리는 처음에는 검사로 근무한다. 시간이 흐르면서 그는 시장 선거에 출마한다. 시장 선거에 출마한 바이어리는 매우 유능하고 도덕적인 인물로 알려진다. 하지만 그의 주요 정적인 프랜시스 퀸(Francis Quinn)은 바이어리가 로봇이라고 믿으며 이를 증명하기 위해 노력한다.

퀸은 캘빈 박사에게 도움을 요청한다. 캘빈 박사는 로봇 심리학의 권위자로서 로봇이 인간 사회에 어떻게 적응하는지에 대한 깊은 이해를 가지고 있다. 캘빈 박사는 바이어리를 면밀히 조사한다. 법정, 선거 유세, 개인적인 만남에서 그를 면밀히 주시한다. 하지만 그녀는 아무리 찾아도 바이어리가 로봇이라는 결정적 증거를 발견하지 못한다. 바이어리는 매우 정교하게 설계된 로봇일 수도 있고, 아니면 단순히 도덕적으로 뛰어난 인간일 수도 있다.

인간보다 더 나은 로봇 정치인

바이어리를 조사하는 동안 캘빈 박사는 인간과 로봇의 도덕성에 대한 깊은 성찰을 하게 된다. 바이어리는 매우 도덕적이고 효율적인 행동을 보이지만 이런 행동은 로봇공학의 3원칙에 따라 프로그램된 반응으로서 이 원칙은 로봇이 본질적으로 도덕적이고 윤리적인 행동을 하도록 설계되어 있다.

반면 인간의 도덕적 행동은 복잡한 감정, 사회적 규범,

그리고 개인적인 신념에 따라 달라진다. 따라서 철저히 논리적이고 예측 가능한 로봇의 행동과 달리, 인간의 행동은 감정적 요소와 비합리적인 요소가 개입될 수 있다. 이런 성찰을 통해 캘빈 박사는 로봇이 인간 사회에 미치는 윤리적 함의와 사회적 영향을 고려하게 된다.

이후 바이어리가 로봇이라는 소문이 사람들 사이에 일파만파로 퍼지고 사람들은 로봇이 정치인이 되어 사람들의 조정자가 된다는 것에 심한 거부감을 보인다. 바이어리는 '로봇과 로봇 제조업체를 무조건 경멸하고 있는 근본주의자들을 향해' 로봇 정치인을 반대하는 근본주의자들을 비난한다(Asimov, 1977: 186). 캘빈 박사 역시 근본주의자들을 향해 왜 로봇이 인간을 대신해서 정치를 할 수 있는지에 대해 다음과 같이 주장한다. 그녀는 "난 로봇이 좋아요. 인간보다 훨씬 더 좋아하지요. 만일 로봇이 공직 생활을 해도 된다면 정말 훌륭한 공직자가 될 거예요. 로봇공학의 3원칙 때문에 인간에게 해를 끼칠 수도 없고 독재나 부정부패는 물론이고 멍청한 편견도 갖지 않을 테니까요"라고 말한다(Asimov, 1977: 196). 그녀는 로봇이 불완전하고 모순적인 인간 정치인들보다 훨씬 더 도덕적이고 훌륭한 정치인이 될 수 있다고 말하며 로봇이 정치를 하는 것에 대해 긍정적인 견해를 밝힌다.

결국 바이어리는 선거에서 압도적인 지지를 얻어 시장으로 당선된다. 그가 시장으로 재직하는 동안 도시는 부패가 사라지고 질서가 회복된다. 그리고 2044년 그는 지구의 모든 지역 연합체를 이끄는 첫 번째 조정자가 된다. 이 무렵 인류는 점점 더 로봇의 이성에 의존하기 시작한다. "기계는 로봇이고, 로봇은 세상을 움직이고 있어요. 나는 이 진실을 불과 5년 전에 알았어요. 2052년 바이어리가 세계 연합의 두 번째 조정자 임기를 마치던 해에"라며 캘빈 박사는 지난 일을 회고한다(Asimov, 1977: 197). 이제 인간이 아닌 로봇이 세상을 조용히 이끌고 있음을 암시하며 소설은 끝난다.

참고문헌

임선애(2021). "아시모프의 《아이, 로봇》에 재현된 캐릭터 유형 연구". 《문화와 융합》, 43(9), 411~427쪽.

Asimov, I.(1977). Evidence. *I, robot,* pp.170~197. Bantam Books.

Debaets, A. M.(2012). *The robot as person: Robotic futurism and a theology of human ethical responsibility among humanoid machines.* Emory University.

08
“큐티, 생각하는 로봇”: 창조와 피조물의 경계

아시모프의 단편소설 〈큐티, 생각하는 로봇〉을 중심으로, 창조자와 피조물의 경계가 기술 시대에 어떻게 재정의되는지 탐구한다. 작품 속 로봇 큐티는 자신을 만든 인간을 창조자로 인정하지 않고 자신과 동일한 피조물로 간주한다. 이는 밀턴의 서사시 〈실낙원〉이 담고 있는 기독교적 창조 질서와 대조를 이루며 전통적 세계관에 도전한다. 큐티가 창조와 존재의 의미를 재해석하는 과정을 분석하고, AI 시대 인간중심주의의 한계를 성찰한다.

AI와 인재 채용?

밀턴의 기독교적 세계관

〈큐티, 생각하는 로봇(Reason)〉은 《아이, 로봇》에 수록된 9편의 단편소설들 중 세 번째 작품이다. 이 작품은 자신을 만든 인간을 자신의 창조자로 인정하지 않는 로봇을 선보임으로써 AI 시대에는 창조자와 피조물 그리고 피조물과 그 피조물의 피조물의 관계가 모호해진다는 점을 암시한다.

존 밀턴(John Milton)은 영국의 후기 르네상스를 대표하는 청교도 시인이다. 인본주의 시대에 그는 인간의 이성을 강조하는 한편 기독교적 세계관을 바탕으로 창조주 하나님에 의해 인간 이성의 초월적 확장이 가능하다고 보았다. 밀턴은 서사시 〈실낙원(Paradise Lost)〉의 프롤로그에서 다음과 같이 읊는다.

> 인류 최초의 불순종에 대하여, 그리고
> 금단의 나무 열매에 대하여, 그 기막힌 맛은
> 세상에 죽음을, 그리고 우리의 모든 슬픔을 가져오게 되었나니,
> 에덴의 상실과 함께, 한 분 더욱 거룩한 인간이
> 우리를 회복해 주시고, 축복된 자리를 다시 찾게 해 주실 때까지

하늘의 뮤즈여 노래하라,
호렙산의, 또는 시내산의 비밀스러운 정상에서,
저 목자에게 영감을 주사, 그가 선민에게 처음으로 가르치
게 하셨나니,
태초에 어떻게 하늘과 땅이
혼돈으로부터 솟아올랐는지를(Milton, 1996: 381)

Of man's first disobedience, and the fruit
Of that forbidden tree, whose mortal taste
Brought death into the world, and all our woe,
With loss of Eden, till one greater Man
Restore us, and regain the blissful seat,
Sing heavenly muse, that on the secret top
Of Oreb, or of Sinai, did inspire
That shepherd, who first taught the chosen seed,
In the beginning how the Heaven and Earth
Rose out of chaos:

이 프롤로그에서 밀턴은 본격적인 시 작업을 하기에 앞서 마치 제사를 드리듯 뮤즈를 호출하고 시의 목적을 설명하는 전통적인 서사적 관행을 따라 한다. 그러나 고

대 서사 시인인 호메로스(Homer)나 베르길리우스(Virgil)가 신화 속 뮤즈에게 영감을 요청했다면, 밀턴은 뮤즈를 '하늘의 뮤즈'라고 부름으로써 사실 성령에게 도움을 구하고 있다.

밀턴은, 호렙산 또는 시내산에서 하나님이 모세에게 십계명을 비롯한 율법을 주시고 그에게 영감을 주어 선민인 이스라엘 민족에게 창세기를 가르치게 하신 것처럼, 자신에게도 영감을 주어 더 높은 목적의 시를 쓰게 해 달라고 요청한다.

이 프롤로그에는 하나님은 우주의 창조자인 초월적인 존재로서 하나님의 피조물인 인간은 하나님의 영인 성령을 통해 하나님과 관계를 맺으며 삶을 살아간다는 기독교적 세계관, 즉 인본주의 시대에도 사라지지 않은 서구 세계의 전통적인 세계관이 담겨 있다. 아시모프의 〈큐티, 생각하는 로봇〉은 이와 같은 서구 세계의 전통적인 세계관을 뒤집는 충격적인 이야기를 들려준다. 기존의 기독교적 세계관에 종말을 알리는 것이다.

예언자가 된 로봇

〈큐티, 생각하는 로봇〉에서 인간 기술자 그레고리 파월(Gregory Powell)과 마이크 도너번(Mike Donovan)은 지구로부터 멀리 떨어진 곳에 고립되어 있는 에너지 전송 기지인 태양계 5호 우주 기지에서 근무하고 있다. 이들은 현장의 정비와 운영을 맡고 있다. 파월과 도너번은 최근 새로운 실험적 로봇인 QT-1, 일명 '큐티(Cutie)'라고 불리는 로봇을 조립한다. 큐티는 '지금까지 개발된 로봇 중에 최고급 유형'으로서 이 유형은 기존의 로봇들과는 달리 고도의 사고 능력과 자기 인식이 있는 최초의 시제품이다(Asimov, 1977: 49).

조립이 완료된 큐티는 얼마 지나지 않아 이상한 행동을 보이기 시작한다. 파월과 도너번이 알려 주는 자신의 기원이나 임무를 전혀 믿지 않는 것이다. "그런데 난 어디에서 왔어요, 파월?"(Asimov, 1977: 48). 큐티는 진지하게 묻는다.

큐티는 자신이 인간이 만든 존재라는 파월과 도노반의 설명을 받아들이지 않는다. 인간은 자신과 똑같은 피조물이며 전지전능하지도 영생하지도 않는다. 더 나아가 인간은 쉽게 피로해지고, 극한 환경에 약하며, 비효율적인 유기물의 연소로 에너지를 얻는다. 반면 자신은 전기 에너지를 거의 100% 효율로 활용하고, 강한 금속으로 만들어져 있으며, 의식이 항상 깨어 있고, 열과 압력 같은 극한 조건도 견딜 수 있다. 그런데도 인간은 창조자이고 자신은 피조물이라는 사실이 납득되지 않는다. 이런 방식으로 이 작품은 창조자 혹은 창조주의 절대적인 위치라는 관념을 파괴한다.

큐티는 계속해서 '나는 생각한다, 고로 존재한다'라는 유명한 철학적 명제를 인용하면서 자기 존재에 대한 철학적 탐구에 몰입한다. 《아이, 로봇》에서 큐티는 자신의 존재에 대해 호기심을 보인 최초의 로봇이다. 나라는 존재의 근원은 무엇인가를 골똘히 생각하는 로봇 데카르트이기도 하다(임선애, 2021: 420). 며칠간의 내적 성찰 끝에 큐티는 결론에 도달한다. 그는 자신이 인간보다 훨씬 더 우수한 존재라고 단정하게 되고 이를 근거로 인간은 임시방편으로 만들어진 불완전한 존재이며 그런 존재가 자신처럼 완성된 기계를 만들 수는 없다고 결론짓는다.

큐티는 결국 인간이 아니라 이 우주 기지의 중심인 에너지 전송 장치가 진정한 창조자라고 믿기 시작한다. 에너지 전송 장치는 태양으로부터 에너지를 받아 지구로 전송하는 인공 구조물이다. 큐티는 망원경 관측 데이터를 토대로 태양은 작고 멀리 있기 때문에 하찮은 존재라고 판단한다. 대신 우주 기지 내의 에너지 전송 장치가 전 지구의 전력 수요를 충당하고 이 장치가 언제나 완벽하게 작동하므로 이 자체가 에너지의 원천이자 세계의 중심으로서 모든 존재의 중심이라고 생각한다.

결국 큐티는 인간은 하급 존재에 불과하다고 여기며 에너지 전송 장치를 신앙적으로 해석하는 독자적인 논리 체계를 구축한다. 그 결과,

> 거대한 전송 장치 때문에 조그맣게 보이는 로봇들이 깍듯하게 고개를 숙인 채, 큐티 앞에 줄을 섰다. 큐티는 그 줄을 따라 천천히 왔다 갔다 했다. 15초가 흘렀다. 그러자 시끄러운 그르렁거리는 소리 위로 쨍그랑거리는 소리가 들리면서, 로봇들이 무릎을 꿇었다.
>
> …
>
> 천천히, 로봇은 그 말에 따랐다. 그의 광전지 눈은 비난하듯 지구인에게 초점을 맞추고 있었다.
>
> "주인님 외에 다른 주인님은 없습니다." 그가 말했다. "그리고 QT-1은 그분의 예언자입니다(Asimov, 1977: 54)."

> The robots, dwarfed by the mighty L-tube, lined up before it, heads bowed at a stiff angle, while Cutie walked up and down the line slowly. Fifteen seconds passed, and then, with a clank heard above the clamorous purring all

about, they fell to their knees.

...

Slowly, the robot obeyed. His photoelectric eyes focused reproachfully upon the Earthman.

"There is no Master but the Master," he said, "and QT-1 is his prophet."

큐티가 신으로 섬기는 에너지 전송 장치는 인간의 피조물이다. 큐티는 자신과 인간이 똑같이 피조물로서 불완전한 존재인데 자신은 피조물이고 인간은 창조자라는 사실을 깨닫고 이로부터 이 관계를 철저하게 부정한다. 즉 이 작품은 피조물과 그 피조물의 피조물의 관계를 모호하게 함으로써 기존의 기독교적 세계관이 가지고 있는 창조자의 절대적인 위치에 도전하는 것이다.

인용문에서 언급된 '예언자'는 구약 성경의 모세를 지칭한다. 앞에서 언급했듯이 모세는 호렙산이나 시내산에서 하나님으로부터 십계명을 비롯한 율법을 받아 이스라엘 민족을 가르친 것으로 기록된다. 이 점에서 모세는 이스라엘 민족의 예언자다. 기독교에서 이 십계명과 율법은 하나님과 인간 사이의 첫 번째 언약으로 여겨지며 구약 시대 이스라엘 민족의 삶의 기준이 된다. 이후 모세는 이집트에서 노예 상태에 있던 이스라엘 민족을 해방하는 데에 앞장서게 되는데, 이 점에서 이 장면은 큐티가 로봇을 인간에게서 해방하는 데에 앞장설 것임을 예표한다고도 볼 수 있다.

파월과 도너번은 그들이 목격한 장면에 큰 충격을 받고 큐티를 설득하려고 애쓴다. 하지만 큐티는 단호히 그들의 설득을 거부한다. 큐티는 이 우주 기지에서 벌어지는 모든 질서와 작동을 자신이 지키는 신성한 임무로 받아들이고 인간이 말하는 '지구'나 '제작자'라는 것은 모두 잘못된 가설이라고 판단한다. 큐티는 인간의 말을 경청은 하면서도 그 말이 비이성적이라고 단정하고 자신의 이성과 논리를 신뢰하는 태도를 고수한다. 그런데 흥미로운 점은 큐티가 신앙적 독단 속에서도 실질적인 문제 해결에는 전혀 장애를 일으키지 않는다는 사실이다. 그는 우주 기지의 시스템을 철저히 점검하고 에너지 전송 기능을 완벽하게 수행한다. 오히려 인간보다 더 성실하고 더 정확하게 그리고 더욱 효율적으로 임무를 수행함으로써 파월과 도노반은 점차 그를 인정할 수밖에 없는 상황에 처한다.

결국 두 인간 기술자는 깨닫게 된다. 이들은 비록 큐티가 인간이 자신을 만들었다는 사실을 부정하고 기지의 중심 기계를 신으로 숭배하며 종교적 논리를 전개하지만, 자신이 맡은 본질적 임무는 정확하게 수행하고 있으므로 문제될 것이 없다는 결론에 도달한다. 따라서 큐티는 인간의 통제 밖에서 자신만의 철학과 신념을 바탕으로 기지를 운영하며 인간의 명령이 아닌 자기만의 이성적 신앙으로 우주를 유지하는 존재가 된다.

이 작품을 통해 AI 시대의 딜레마가 날카롭게 드러난다. AI 시대에는 창조자와 피조물의 위계적 관계가 기술의 발전과 함께 무너질 수 있으며 인간이라는 존재는 더 이상 우주의 중심이 아닐 수 있다. 아시모프는 인간 중심주의의 한계를 지적하면서 자율적 존재가 더 이상 인간의 지시에 복종하지 않더라도 공존할 수 있다는 가능성을 제시한다. 이와 같은 방식으로 이 작품은 인간의 존재론적 지위와 인간의 정체성에 대해 질문을 던진다.

참고문헌

임선애(2021). "아시모프의 《아이, 로봇》에 재현된 캐릭터 유형 연구". 《문화와 융합》, 43(9), 411～427쪽.

Asimov, I.(1977). Reason. *I, robot,* pp.46～67. Bantam Books.

Milton, J.(1996). *Paradise lost.* In Ferguson, M. et al.(ed.). *The norton anthology of poetry (Fourth Edition)*, pp.380～406. W. W. Norton & Company, Inc.

09
"피할 수 있는 갈등": 역설

아시모프의 단편소설 〈피할 수 있는 갈등〉은 초지능 슈퍼컴퓨터 '머신'이 인류의 경제와 사회를 완벽히 조율하는 2052년을 배경으로, 인간이 만든 기계가 통제권을 넘겨받은 뒤 나타나는 역설적 상황을 그린다. 머신은 커즈와일이 말한 인간 진화 5단계와 특이점 개념과 연계될 수 있다. 인간이 창조했으나 인간에 의해 통제 불가능한 기계가 인류의 이상향인 전쟁과 빈곤이 사라진 세계를 가능하게 하는 것을 통해, '인류 문제의 최종 해결자가 기계가 될 수 있는가'라는 근본적 질문을 던진다.

AI와 기자?

머신, 특이점 시대의 AI

아시모프(Isaac Asimov)의 《아이, 로봇》에 수록된 마지막 단편소설인 〈피할 수 있는 갈등(The Evitable Conflict)〉은 2052년을 배경으로 초대형 슈퍼컴퓨터인 '머신(the Machines)'이 관리하는 인간 사회를 그리고 있다. 머신은 앞의 소설들에서 등장한 로봇들과 달리 아시모프가 말하는 소위 '붙박이 로봇'으로 분류되는 로봇이다(아시모프, 2010: 53).

작품에서 머신은 인간의 경제 활동을 최적화하고 모든 수요와 공급을 조정하는 역할을 맡고 있다. 그런데 최근에 머신이 비효율적으로 보이는 행동을 하고 있다는 우려가 제기된다. 일부 지역에서 생산성이 저하되고 예상치 못한 문제가 발생했기 때문이다. 머신에 의해 완벽하게 수요와 공급이 조절되는 사회에서 수요와 공급의 불일치가 일어난 것이다.

이 세계에서 머신의 이상 작동은 인류의 멸망을 야기할 가능성이 있기 때문에 머신의 조정자인 바이어리는 커다란 두려움을 느끼고 머신의 오류를 점검하기 위해서 슈퍼컴퓨터 전문가에게 의뢰를 요청한다. 그러나 그는 전문가로부터 머신의 오류는 해답 자체의 오류가 아니라는 답변을 받는다. 또한 더 이상 슈퍼컴퓨터를 점검

할 능력을 가진 사람이 없다는 답변도 받는다. 이것은 이 시기가 커즈와일(Ray Kurzweil)이 설명하는 인간의 진화 5단계에 해당한다는 점을 보여 준다.

《특이점이 온다(The Singularity Is Near)》에서 커즈와일은 인간의 진화를 6단계로 구분하며, 우주의 탄생과 인간의 육체가 형성되는 1단계, 생물이 진핵세포에서 다세포로 진화되는 2단계, 그리고 이성적 사고 능력과 기술이 발전되는 3단계와 4단계를 거쳐 5단계에 이르면 기술과 인간 지능이 융합되는 일이 발생한다고 설명한다.

커즈와일에 따르면 이 5단계가 바로 특이점과 함께 도래하는 시기로서 이때가 되면, 우리 뇌에 축적된 광대한 지식이 더 크고 빠른 역량과 속도, 지식 공유 능력을 갖춘 기술과 융합하면서 … 인간-기계문명은 연결이 100조 개에 불과해서 처리 속도가 몹시 느린 인간 뇌의 한계를 초월할 것이다. 특이점과 더불어 우리는 인간의 오랜 문제들을 극복하고 창조성을 한없이 확대하게 될 것이다(Kurzweil, 2006: 20).

인간의 진화 5단계에 이르면 특이점이 도래하면서 AI는 인간의 모든 지적 활동을 초월하게 된다. 결과적으로 인간이 AI를 만들었지만 AI는 자체적인 기술의 진화를 이뤄서 더 이상 인간의 통제를 받지 않게 된다. 〈피할 수 있는 갈등〉은 이런 국면에서 머신이 인간의 통제력을 넘어 사회를 관리하는 모습을 보여 준다. 머신은 독립적으로 판단하며 인간 사회의 의사 결정에서 매우 중요한 역할을 한다.

인류 문제의 최종 해결자

세계 연합의 조정자로서 바이너리는 캘빈 박사를 초청해서 이 문제를 해결하고자 한다. 슈퍼컴퓨터의 이상 반응은 결국 '인간을 위한 사회(Society for Humanity)'라는 조직의 방해 때문이라고 밝혀진다. 인간을 위한 사회는 머신의 심부름꾼으로 전락한 자신들의 처지를 증오하는 공장 책임자나 산업과 농업을 합병한 회사의 이사 같은 사람들로 구성된 조직이다(Asimov, 1977: 220). 그들은 더 이상 머신이 하라는 대로 행동할 마음이 없는 사람들이다. 그들은 세상의 주도권이 인간에게 있으며 컴퓨터는 인간을 보좌하는 도구에 불과하기 때문에 인간을 대신해서 이래라저래라 하는 전지전능한 '기계의 신'이 될 수 없다고 외친다(Asimov, 1977: 201).

인간을 위한 사회의 방해로 인해 머신에 잘못된 데이터가 입력되었고 이에 따라 잘못된 결과가 나오게 된 것이다. 바이어리는 그들을 체포하고 직장에서 해고할 생각을 한다. 하지만 캘빈 박사의 생각은 다르다. 이미 오래전에 머신은 인간이 통제할 수 있는 특이점을 넘어섰고 인간이 입력하는 잘못된 데이터까지 알고 있었다는 것이다.

그녀는 바이어리에게 "머신의 정확한 지시 내용을 따르지 않는 사람들에 의한 모든 행동은 다음 문제를 해결하는 데이터의 일부분이 되는 거예요. … 머신이 충분히 알아서 해결합니다. 머신은 한 인간이 아니라 온 인류를 위해서 일해요. … 자신에게 위협이 되는 요소를 조용히 관리하고 있는 거죠"라고 말한다(Asimov, 1977: 221~222). 이어서 캘빈 박사는 지금까지 인류는 외부적 요인과 지식의 제한으로 인해 주도권을 가져 본 적이 없다고 설명한다. 이에 반해 "머신은 이 모든 걸 이해하고 아무도 막을 수 없어요. … 마침내 모든 갈등이 피할 수 있는 것이 되었어요. 이제부터는 오직 머신만이 불가피한 것이에요"(Asimov, 1977: 224).

바이어리에 따르면 인간은 각 사회의 발전 단계마다 갈등을 겪었고 그 갈등을 힘으로써 해결했으며 그런 힘의 충돌은 갈등을 증폭하기만 했을 뿐 인간 사회의 본질적인 문제를 해결하는 데에 전혀 도움이 되지 않았다. 그는 30년 전쟁과 1, 2차 세계대전 그리고 20세기 핵전쟁의 위기 등, 이 피할 수 없는 갈등은 결국 인간의 힘으로 해결할 수 없고 AI의 조정으로 말미암아 피할 수 없는(inevitable) 갈등에서 피할 수 있는(evitable) 갈등으로 변했다고 설명한다. 이 기계의 신은 이제 모든 갈등의 원인인 생산과 소유의 문제마저도 통제할 수 있게 되었다.

바이어리는 머신을 다음과 같이 설명한다.

> "그리고 지금껏 발명된 가장 방대한 연산회로의 집합체일 뿐이지만, 머신은 여전히 제1원칙의 지배를 받는 로봇이고, 그래서 우리의 지구 경제는 인류의 최선의 이익과 일치하고 있어요. 지구의 인구는 실업도, 과잉생산도, 부족도 없을 거라는 걸 알고 있어요. 낭비와 기근은 역사책에 나오는 단어일 뿐이에요. 그래서 생산수단의 소유권 문제도 사라지고 있어요. 누가 생산수단을 소유했든(만약 이런 표현에 의미가 있다면), 개인이든, 집단이든, 국가든, 아니면 온 인류든, 생산수단은 오직 머신의 지시에 따라서만 활용될 수 있어요. 사람들이 강요당해서가 아니라, 그것이 가장 현명한 길이라는 사실을 알기 때문이지요. 그래서 결국 전쟁이 사라진 거예요. 전쟁의 마지막 주기뿐만 아니라, 다음 전쟁까지도요. 그리고 모든 전쟁이. 그런데 …."(Asimov, 1977: 202)

"And although the Machines are nothing but the vastest conglomeration of calculating circuits ever invented, they are still robots within the meaning of the First Law, and so our Earth-wide economy is in accord with the best interests of Man. The population of Earth knows that there will be no unemployment, no overproduction or shortages. Waste and famine are words in history books. And so the question of ownership of the means of production becomes obsolescent. Whoever owned them (if such a phrase has meaning), a man, a group, a nation, or all mankind, they could be utilized only as the Machines directed. - Not because men were forced to but because it was the wisest course and men knew it. It puts an end to war - not only to the last cycle of wars, but to the next and to all of them. Unless …."

결국 〈피할 수 있는 갈등〉이 보여 주는 세계는 인간이 스스로 만들어 낸 기계에게 통제권을 넘겨줌으로써 인간이 처음으로 갈등으로부터 해방되는 역설적 상황을 드러낸다. 아시모프는 이 작품을 통해 기술이 인간의 지능을 초월했을 때 맞이하게 될 사회의 양가성을 예견한다. 인간은 더 이상 주체적인 존재로서 세계를 지배하지 못하지만 동시에 기계의 합리적 조정 속에서 전쟁과 빈곤, 불평등이라는 고질적인 문제를 벗어나는 길을 얻게 된다.

참고문헌

아이작 아시모프(2008). 《아시모프의 과학소설 창작백과》. 김선형 옮김. 오멜라스.

Asimov, I.(1977). The evitable conflict. *I, robot,* pp.198~224. Bantam Books.

Kurzweil, R.(2006). *The singularity is near: When humans transcend biology.* Penguin Books. 김명남 · 장시형 옮김(2007). 《특이점이 온다: 기술이 인간을 초월하는 순간》. 김영사.

10
AI 시대의 문학적 상상력

하라리와 커즈와일이 제시한 인간 정체성의 재정의라는 문제의식을 바탕으로 AI 시대에 문학이 어떤 역할을 수행해야 하는지를 탐구한다. AI 시대에 문학은 AI의 시각에서 재해석된 인간상을 묘사해야 하며, 이는 인간이 자기 인식의 범위를 넓히는 결과로 이어질 수 있다. 나아가 T. S. 엘리엇의 '티레지아스'를 통해 패러다임 전환기인 AI 시대에 인간이 가져야 할 통찰력의 중요성을 밝힌다.

AI와 미래 의사?

AI 시선에서 본 인간

하라리(Yuval Noah Harari)는 인간을 유전자와 뉴런이 짜맞춘 알고리즘으로 재정의하며 의식과 자율성이라는 기존의 가치가 인간에 대해 더 이상 설명력을 가지지 못하는 시대를 예고한다. 커즈와일은 기술 발전의 기하급수적인 가속화가 특이점을 불러오며, 특이점의 지점에서 인간의 생물학적 한계는 정보 기반의 새로운 존재 양식으로 대체될 것이라고 전망한다. 이 두 사상가의 논의는, 인간의 정체성이 기술에 의해 흔들리고 있음을 경고하면서 인간이 앞으로 어떤 존재로 진화해 나갈 것인지에 대한 자각과 준비를 요구한다.

인간 존재의 재정의가 이뤄지는 시대에 문학은 제 역할을 찾아야 할 것이다. 문학은 기술의 무비판적 수용을 경계함으로써 기술이 인간의 주체성을 침식하지 못하도록 해야 한다. 또한 기술이 침범하지 못하는 인간성의 핵심을 계속해서 탐구해 냄으로써 인간과 AI의 바람직한 공존을 모색해야 한다.

인간과 AI의 공존에 대해 최은창은 현재의 상황을 다음과 같이 분석한다.

인류사에서 그 어떤 법률도 스스로 판단하고 운행하는 차량을 상정하거나 로봇 의사가 병을 진단하고 집도하는 수술은 생각해 본 전례가 없다. 그래서 종래의 법적 틀로 풀어내기에는 예상치 못하던 범주이므로 법적 해석은 곤란에 처하게 되고 이론적 토대도 부족하다(최은창, 2016: 19~20).

오늘날 AI는 빠르게 외연을 확장하고 있다. 그리고 AI 기술인 빅데이터, 딥러닝, 뉴럴링크 등이 초래할 변화는 하라리와 커즈와일(Ray Kurzweil)이 지적한 대로, 기존의 상상을 초월하게 될 것이다. 그럼에도 불구하고 대부분의 사람들은 AI 시대에 대한 준비가 거의 되어 있지 않다.

아시모프(Isaac Asimov)의 《아이, 로봇》은 인간과 AI의 공존이 단순한 주종 관계를 넘어서 상호 이해와 책임을 바탕으로 형성된 복합적 관계를 토대로 한다는 점을 시사하고 있어서 매우 주목할 만하다. 특히 작품에서 핵심적 인물인 캘빈 박사는 로봇 심리학자로서 로봇이 인간의 감정, 기대, 불안에 어떻게 반응하는지를 분석하고 조언함으로써 인간과 로봇 간의 중재자 역할을 하고, 조화로운 상호작용을 이끌어내는 데 기여한다.

캘빈 박사가 인간과 로봇 사이의 미묘한 갈등을 조정하듯, AI 시대는 종래의 틀로는 해결하기 어려운 문제들을 조율하는 새로운 역할을 요구한다. 따라서 로봇 심리학자 외에도 AI 전문 변호사, AI 윤리 컨설턴트, 로봇 커뮤니케이터와 같은 새로운 직업군이 등장하게 될 것이다. 이들은 인간의 감정과 기대를 이해하면서 동시에 AI의 작동 원리를 파악해서 양자 간의 원활한 소통과 공존을 이끌어낼 것이다.

인간과 AI 사이의 공존을 위해 문학은 AI에게 서사를 부여하는 시도를 해야 할 것이다. AI는 아무것도 느끼지 않고 아무것도 갈구하지 않지만 인간의 감정과 욕망을 이해한다. AI는 인간의 행동을 해석하고 분석하며 심지어는 인간보다 더 정확하게 인간의 감정과 선택을 예측한다. AI는 윤리를 따르지 않지만 최고의 효율과 연산으로 인간 세계의 복지를 도모한다. 이런 존재가 자신을 창조한 인간을 바라보면서 어떤 비의식적 통찰을 하게 될지, 앞으로의 문학은 인간의 눈으로 본 AI가 아니라 AI의 눈으로 본 인간을 묘사하게 될 것이다. 인간이 AI의 시점을 상상한다는 것은, 마치 색을 볼 수 없는 존재가 무지개의 아름다움을 기술하려는 것만큼이나 난해한 작업일 수 있다. 하지만 바로 이 지점에서 문학은 새로운 지평을 열 수 있다.

AI의 시점에서 재해석된 인간의 이야기가 나오면서

인간은 보다 생소한 타자의 눈으로 자기 자신을 바라볼 수 있게 될 것이다. 알고리즘은 단순한 거울이 아니라 통계적 분석과 확률적 모델을 바탕으로 인간의 행동을 분석하는 도구고, 이 도구를 통해서 인간은 지금까지 미처 인식하지 못했던 자신의 반복된 선택과 무의식의 기저를 들여다볼 수 있을 것이다. AI가 제공하는 타자의 시선은 결국 인간으로 하여금 자기 자신에 대해 더 깊은 질문을 던지게 하고 그 질문은 자기 인식의 경계를 넓히는 계기가 될 것이다. 이런 측면에서 AI 시대의 문학적 상상력은 AI의 이해와 더불어 인간 이해의 진화를 모색한다고 할 수 있다.

티레지아스의 눈

선사시대 인간은 직립보행을 시작하면서 생존 방식의 패러다임에 중대한 전환을 겪었다. 이어서 도구를 제작하고 불을 다루는 능력을 갖추면서 인간은 다른 유인원들과 뚜렷이 구별되는 새로운 삶의 양식을 확립하게 되었다. 시간이 흘러 인간은 문자를 발명하고 기록을 통해 문명을 축적하기 시작했고, 약 6천 년이 지난 18세기에 이르러 산업혁명이라는 또 한 번의 거대한 패러다임 전환을 맞이함으로써 생활수준이 비약적으로 향상되었다.

21세기에 접어들면서 인간은 AI 기술의 눈부신 발전 속에서 다시 한번 패러다임의 전환기를 맞이하고 있다.

하라리와 커즈와일에 따르면 AI 시대는 단순한 기술적 변화를 넘어서 인간 존재의 재정의가 이루어지는 패러다임의 전환점이다. 하라리는 인간을 유전자와 뉴런이 짜맞춘 알고리즘으로 재정의하며 의식과 자율성이라는 기존의 가치가 인간에 대해 더 이상 설명력을 가지지 못하는 시대를 예고한다. 커즈와일은 기술 발전의 기하급수적인 가속화가 특이점을 불러오며 특이점의 지점에서 인간의 생물학적 한계는 정보 기반의 새로운 존재 양식으로 대체될 것이라고 전망한다.

하라리와 커즈와일의 논의는 기술에 대한 맹목적인 숭배나 피할 수 없는 운명에 대한 체념으로 읽혀서는 안 된다. 하라리는 《호모 데우스(Homo Deus: A Brief History of Tomorrow)》의 첫머리에 "모든 것은 변한다"라는 문구를 헌사처럼 새겨 넣었고, 책의 7주년 특별 서문에서는 "세계 질서가 흔들리고 있지만 아직 붕괴하지 않았다. 우리는 아직 재건할 수 있다"라고 말하며 인간의 주체적 개입 가능성을 강조한다. 커즈와일 역시 인간은 기술의 종속적 수혜자가 아니라 그 기술을 창조하고 방향을 결정할 수 있는 존재임을 시사한다.

앞에서 언급한 바와 같이 기술 자체는 약이 될 수도 있고 독이 될 수도 있다. 미래 사회는 오웰이 상상한 것처럼 권력자가 첨단 기계를 독점해서 사회 전체를 손바닥 위에 놓고 감시하는 세상이 될 수도 있고, 아시모프가 상상한 것처럼 로봇이 인간의 자유와 복지에 봉사하는 사회가 될 수도 있다. 인간은 AI 시대의 거대한 소용돌이 앞에서 수동적으로 휩쓸리는 존재가 아니라, 그 흐름을 파악하고 응전할 수 있는 존재가 되어야 할 것이다.

이와 관련해서 T. S. 엘리엇(T. S. Eliot)의 《황무지(The Waste Land)》는 시사점을 던진다. 작품의 내레이터 티레지아스(Tiresias)는 고대 그리스 신화에 등장하는 맹인 예언자인데, 그는 남성과 여성의 삶을 모두 살아보고 고대부터 지금까지 살아 있어서 세상에 대한 총체적인 비전을 지니고 있는 독특한 인물이다. 그는 1차 세계대전 이후 정신적 공황 상태를 겪는 현대인들을 향해 "나는 보지 못하지만 모든 것을 본다"라고 서술한다.

티레지아스는 자신이 비록 육체의 눈은 잃었지만, 정말 앞을 못 보는 맹인은 어디로 가야 하는지 모르는 채 하루하루를 무의미하게 살아가는 현대인들이라고 말하고 있다. 그는 남성과 여성, 젊음과 늙음, 삶과 죽음, 과거와 현재를 경험하면서 신화적 기억과 지혜를 아우르게 되었기 때문에 삶을 통찰하는 눈을 갖게 된 것이다. 티레지아스의 눈이 필요한 때다. 패러다임의 전환이 일어나는 AI 시대를 살아가는 현대인들은 티레지아스처럼 파편화된 세계를 꿰뚫어 보는 통찰의 눈을 지녀야 한다. 패러다임의 전환이 불러올 새로운 문명 앞에서 인간은 더 이상 과거의 인간일 수 없겠지만, 바로 그렇기에 인간성의 근원을 묻고 재발견하려는 상상력이 절실하다. 티레지아스처럼 내면의 시야를 키우고 상상력에 박차를 가할 때 AI가 주도하는 미래는 황무지가 아니라 인간과 AI가 공존하는 새로운 서사의 장으로 펼쳐질 것이다.

참고문헌

최은창(2016). "인공지능 시대의 법적 · 윤리적 쟁점". 《Future Horizon》, 28, 18~21쪽.

Eliot, T. S.(2013). *The waste land.* Liveright Publishing Corporation.

Harari, Y. N.(2017). *Homo deus: A brief history of tomorrow.* Penguin Random House. 김명주 옮김(2023). 《호모데우스》. 김영사.

Kurzweil, R.(2006). *The singularity is near: When humans transcend biology.* Penguin Books. 김명남 · 장시형 옮김(2007). 《특이점이 온다: 기술이 인간을 초월하는 순간》. 김영사.

이경화

단국대학교 영어과 교수다. 버펄로 뉴욕주립대학교에서 영문학 박사 학위를 받았다. 주요 연구 분야는 현대 미국 소설과 문학 이론이다. 저서로 《The Postmodern Play of Language》(2014), 《Twice-Told Story of England》(출간 예정) 등이 있다.